ALFRED W. H. BLOCH

BEWUSST SELBST BESTIMMT

Das Abenteuer Leben

Wenn du deine Lebenssituation bewusst verbessern willst,
dann ist dieses Buch für dich geschrieben worden.

„Wenn Sie Ihre Glaubenssätze nicht verändern, wird Ihr Leben für immer so sein wie jetzt. Ist das eine gute Nachricht?"

Dr. Robert Anthony

Impressum

Herausgeber und Verleger

Alfred W. H. Bloch, Berlin
www.blochcoaching.de

Gestaltung, Layout und Satz
sens**id**e**ntity** AB, Detlev Riller
www.riller.eu | info@riller.eu

Lektorat
Udo Wekemann
wekemann kommunikation
www.wekemann.de

Druck
1. Auflage November 2013

ISBN 978-3-00-043407-5

Inhalt

Vorwort

Möchtest du deine Realität bewusst erschaffen, messbare Ergebnisse erzielen, Ziele erreichen, Wünsche erfüllen, glücklicher, gelassener und zufrieden leben? Erfolgreicher deinen Beruf ausüben? Das ist erreichbar. Allerdings muss man dafür an sich arbeiten.

Bist du dazu bereit?

Vermutlich hast du, wie die meisten Menschen, in den äußeren Umständen nach Lösungen für deine Probleme gesucht. Wenn die Lösungen dort zu finden wären, hättest du sie längst gefunden. Die Lösungen für unsere Probleme sind dort nicht zu finden, sondern sind ausschließlich in unserem eigenen Inneren zu finden.

Was musst du tun, um bewusst deine Realität zu erschaffen, deine Wünsche zu erfüllen?

Du musst alte Verhaltensmuster, negative Glaubenssätze, Mangelgefühle, Schuldgefühle und Ängste auflösen und loslassen. Dann hast du Platz und Energie, tiefgreifende Änderungen deiner inneren Einstellung und Ausrichtung vorzunehmen und damit dein alltägliches Denken und Handeln grundlegend zu ändern!

> *„Wenn Sie Ihre Glaubenssätze nicht verändern, wird Ihr Leben für immer so sein wie jetzt. Ist das eine gute Nachricht?"*
>
> Dr. Robert Anthony

In diesem Buch geht es um die bewusste Gestaltung (Manifestation) deiner physischen Realität. Hierzu gibt es Erklärungen, wie und wieso wir Menschen unsere physische Realität überhaupt bewusst manifestieren können und nicht nur von der Gunst eines gütigen Schicksals oder des Universums abhängig sind. An einigen Beispielen wird gezeigt wie die hier dargestellten „Manifestations-Techniken" reale Ergebnisse in der physischen Welt produzieren.

Gedanken zur Manifestation

Zum Thema „Manifestation" sind unzählige Bücher geschrieben worden. Die meisten dieser Bücher sind spiritueller Natur. In der letzten Zeit befassen sich die Quantenphysik, die Neurologie und die Neurophysik mit der Manifestation der Realität und der Persönlichkeitsentwicklung.

Die Quantenphysik geht davon aus, dass Bewusstsein Raum, Zeit und Materie kreiert. Jeder Mensch besitzt Bewusstsein und kann daher seine eigene Realität erschaffen und seine Persönlichkeit bewusst gestalten.

Die Forschungsergebnisse der Neurologie und der Neurophysik erklären wie das menschliche Gehirn funktioniert, wie es Informationen speichert und warum es dazu neigt, dieselben Verhaltensmuster immer wieder zu wiederholen.

Die Quintessenz dieser Veröffentlichungen (zumindest der Bücher, die sich nach meiner Meinung seriös mit dem Thema befassen) ist, dass der Mensch durch Denken und Emotionen seine physische Realität manifestiert. Nur ein geringer Prozentsatz der Menschen ist sich dieser Tatsache bewusst. Selbst die Menschen, die sich dieser Tatsache bewusst sind, schaffen ihre physische Realität nicht immer durch bewusstes Denken, sondern eher unbewusst. Ob wir nun bewusst oder unbewusst kreieren, ändert nichts an der Tatsache, dass wir unsere physische Welt selbst erschaffen.

Wer sich jemals mit dem Gedanken befasst hat, dass er seine physische Welt selbst kreieren könnte, stößt dabei unweigerlich auf den anfänglich unangenehmen Gedanken, dass eine nur teilweise Kreation seiner physischen Welt nicht möglich ist. Entweder kreiere ich alles oder gar nicht!

Hier liegt das Problem.
Wir Menschen sind so sehr darauf trainiert die Ursache für alle widrigen Umstände des Lebens außerhalb von uns zu suchen (und zu finden); so dass der Gedanke, dass wir die widrigen Umstände selbst kreiert haben könnten, nicht weiter verfolgt wird. Teile unserer Wirklichkeit sind schwer zu ertragen – und es ist einfacher andere für unsere „Missgeschicke"

verantwortlich zu machen. Also wird dann auch die gesamte Idee der Kreation der physischen Welt durch uns selbst schnell als unsinnig aufgegeben. **Schade! Denn es bleibt dabei: Ob wir nun bewusst oder unbewusst kreieren, ändert nichts an der Tatsache, dass wir unsere physische Welt selbst erschaffen.**

Wer sich zum ersten Mal mit dem Thema, der Wahrheit: „Ich kreiere meine physische Welt“ befasst, wird vermutlich die von Schopenhauer beschriebenen drei Stadien durchlaufen.

> *Jede Wahrheit passiert drei Stadien, bevor sie anerkannt wird.*
> *Im Ersten wird sie lächerlich gemacht.*
> *Im Zweiten wird sie verworfen.*
> *Im Dritten wird sie als selbstverständlich angesehen.*
>
> Arthur Schopenhauer

Wenn wir die Freiheit eines selbst bestimmten Lebens genießen wollen, müssen wir auch die volle Verantwortung dafür übernehmen. Also sollten wir zumindest anfangen bewusst zu kreieren!

Wie kann ich für mich die Tatsache erschließen, dass ich meine physische Welt kreiere?

1. Zuerst muss ich den Gedanken fassen, dass die Möglichkeit der Kreation der physischen Welt durch mich überhaupt existiert. D.h. wie im Märchen muss ich zumindest gedanklich sagen: „Ich könnte meine physische Welt kreieren.“ Oder besser noch: „Ich kreiere meine physische Welt!“
2. Sofort danach taucht der Gedanke auf „Wie soll das denn gehen?“ „Wie mache ich das?“ „Gibt es Regeln oder gar Gesetzmäßigkeiten?“
3. Wenn das Ganze funktionieren soll, muss doch von irgendwoher die Energie, das Material für die Materialisierung meiner Gedanken kommen.
4. Wenn es irgendwo diese Energie gibt, die meine Gedanken in physische Realität umwandelt, muss ich ja Zugang zu dieser Energie haben. Sonst funktioniert das nicht.
5. Gibt es diese Energie überhaupt?
6. Wenn ja, habe ich Zugang zu der Energie? Wenn ja, wie denn? Warum ich? Wer noch?

7. Was ist diese Energie? Denkende Menschen aller Zeitalter haben sich mit diesen Fragen beschäftigt. Diese Energie wird überwiegend als „Gott“ bezeichnet, oder auch als „Universelle Lebensenergie“ oder „Höheres Selbst“ oder „Alles was ist“ oder „Vater / Mutter allen Seins“ oder gar als „Der-der-Du-wirklich-bist“.
8. Durch logisches Denken werden wir feststellen, dass es diese Energie gibt!
9. Zuerst werden wir glauben, dass diese Energie irgendwo außerhalb von uns sein muss. Weitere mögliche Schritte der Entwicklung sind die Erkenntnis, dass wir 1. Teil dieser Energie sind; 2. dass wir diese Energie sind!
10. Die ganz große Frage ist und bleibt für jeden, der sich mit diesem Thema auseinandersetzt; wie komme ich zur Erkenntnis? Welche Schritte muss ich unternehmen?

Die Aussage, dass wir unsere physische Welt kreieren ist nicht neu. So sagte schon Buddha: *„Alles was wir sind, kommt durch unsere Gedanken.“* Diese Meinung Buddhas wird und wurde von vielen Mystikern, Erleuchteten und Religionsstiftern geteilt.

Neu ist jedoch die Erkenntnis der Wissenschaft. Genauer gesagt, die Erkenntnis der Quantenphysik. Während die alte, die newtonsche Physik, davon ausgeht, dass Raum, Zeit und Materie Bewusstsein kreiert. Geht die neue, die Quantenphysik, davon aus, dass das **Bewusstsein Raum, Zeit** und **Materie** kreiert.

Amit Goswami Professor für Theoretische Nuklear- und Quantenphysik, der Universität Kalkutta, Indien, und der Universität von Oregon, USA formuliert das so:

- „Wenn man an ‚Dinge‘ denkt, macht man die Realität konkreter, als sie ist.
  Da wir in der konkreten Welt offensichtlich bedeutungslos sind, haften wir an einer festgelegten Realität. Wir können sie nicht wirklich ändern.
- Statt zu denken, dass Dinge Dinge sind, habt ihr euch angewöhnt zu denken, dass alles um euch herum bereits Dinge sind, die ohne euer Zutun, ohne eure Wahl, existieren. Es gilt zu erkennen, dass selbst die materielle Welt um uns herum, die Stühle, Tische, Zimmer, der

Teppich, auch die Kamera, nichts weiter als mögliche Bewegungen des Bewusstseins sind. Und in jedem Moment treffe ich eine Auswahl aus diesen Bewegungen, um meine tatsächliche Erfahrung zu manifestieren. So radikal muss man denken. Dies erscheint uns so radikal, so schwierig, weil wir dazu neigen zu glauben, dass die Welt auch unabhängig von unserer Erfahrung bereits da draußen existiert.

- Doch das tut sie nicht. Das hat die Quantenphysik klar nachgewiesen. Heisenberg, der Mitentdecker der Quantenphysik, sagte: Atome sind keine Partikel, sondern lediglich Tendenzen. Statt dinghaft zu denken, gilt es also, in Möglichkeiten zu denken. Alles ist eine Möglichkeit des Bewusstseins.
- Wenn Realität geistige Möglichkeit, die Möglichkeit des Bewusstseins ist, stellt sich sogleich die Frage: Wie kann ich sie ändern? Wie kann ich sie verbessern? Wie kann ich sie glücklicher machen? Siehst du, wie wir selbst das Bild von uns erweitern? In der althergebrachten Denkweise kann ich nichts ändern, weil ich in der Realität keine Rolle spiele. Die Realität ist bereits da. Ihre materiellen Objekte bewegen sich deterministischen Gesetzen folgend auf eigene Weise. Die Mathematik ermittelt, wie sie sich in einer gegebenen Situation verhalten. Ich spiele dabei keine Rolle.

In der **neuen Denkweise** kann uns die Mathematik jene Möglichkeiten liefern, die alle diese Bewegungen annehmen können. Sie kann uns jedoch nicht die tatsächliche Erfahrung vermitteln, die man bewusstseinsmäßig haben wird. **Ich wähle diese Erfahrung. Daher erschaffe ich im wahrsten Sinne des Wortes meine eigene Realität.**
Das hört sich womöglich wie eine grandiose Behauptung eines New-Age-Jüngers an, der kein Verständnis von Physik hat. Doch **die Quantenphysik teilt uns das in der Tat mit.**

John Hagelin, Kilby-Preisträger, Professor der Quantenphysik, Direktor des „Institute for Science" der Maharishi University, USA sagt:

„Ich bin meine Atome, aber ich bin auch meine Zellen. Ich bin auch meine makroskopische Physiologie. Das ist alles wahr. Es gibt ganz einfach nur verschiedene Ebenen der Wahrheit. Die tiefste Ebene der Wahrheit, die durch Wissenschaft und Philosophie entdeckt wurde, ist die fundamentale Wahrheit der Einheit. Auf der tiefsten subnuklearen Ebene unserer Realität sind du und ich eins."

Mich interessieren die Ergebnisse der Quantenphysik, der Neurologie und der Neurophysik, da sie die Aussagen der Mystiker und die Darstellungen seriöser spiritueller Literatur unterfüttern. Diese Erkenntnis der Quantenphysik, dass das Bewusstsein alles kreiert, ist der für mich entscheidende Punkt. Wenn diese Erkenntnis der Quantenphysik stimmt, dann kann jeder Mensch Raum, Zeit und Materie kreieren, denn jeder Mensch besitzt Bewusstsein und erschafft daher im wahrsten Sinne des Wortes seine eigene Realität.

Dieser Gedanke, dass wir unsere eigene Realität kreieren, ist für die meisten von uns unfassbar, da unsere „normale", herkömmliche Erfahrung anders ist. Für die meisten von uns existiert die physische Welt „da draußen" bereits und beeinflusst unser tägliches Leben. Der Gedanke, dass es genau umgekehrt sein könnte, dass wir die physische Welt kreieren, kommt uns kaum. Denn hierfür haben wir selten Beweise – oder wir lassen sie nicht zu.

Mich hat die Idee, dass wir unsere eigene Realität erschaffen nun schon über 30 Jahre bewegt. Mit meinen ersten Erfolgen im Beseitigen von physischen Schmerzen (Kopfschmerzen) in meinem Körper und bei anderen Personen hatte ich für mich die ersten Beweise, dass der Mensch seine physische Realität beeinflussen bzw. gestalten kann. Somit war es für mich natürlich, über geistige Heilmethoden diese Erfahrungen weiter auszubauen. Vor allem wollte ich nachweisbare Ergebnisse erzielen. Zum Beispiel ist die rein geistige Begradigung der Wirbelsäule ohne physische Berührung ein nachweisbarer Effekt. Mir geht es, wie vermutlich den meisten Menschen, ich benötige einen handfesten Nachweis, dass ich etwas manifestieren kann. Die geistige Beeinflussung von Metall ist für mich ein weiterer handfester Beweis. So habe ich mich viele Jahre mit Spaß und wachsender Begeisterung mit dem Thema Manifestation beschäftigt.

Für mich ist es eindeutig klar, dass wir unsere physische Realität selbst erschaffen. Diese Erkenntnis und das daraus resultierende Gefühl der Freiheit, Kraft und Lebensfreude vermittele ich durch mein Manifestationsseminar.

Denke einmal für einen Moment darüber nach, was diese Möglichkeit der bewussten Erschaffung deiner physischen Realität für dich in deinem beruflichen und privaten Leben bedeuten kann. –

Was könntest du erreichen?
Welche Begrenzungen fallen weg?
Wie verändert sich die Kommunikation mit deinem Umfeld?
Was willst du ändern?
Was soll besser werden?
Wie kraftvoll willst du auftreten?
Was bedeutet verbesserte Intuition und Kreativität für dich?

Einleitung

Wie wohl viele im Laufe des Lebens, habe ich mich irgendwann gefragt, wo komme ich her, wo gehe ich hin und was soll mein Dasein hier bewirken oder was ist der Sinn meines Lebens? Der Beginn der Suche nach Antworten. Erleuchtung war/ist das gesuchte Ziel. Das Erhard Seminar Training (EST) im August 1976 in New York war für mich ein wunderbarer Einstieg in die spirituelle Thematik.

Unendliches Potential

Das Erlernen geistiger Heilmethoden war mein Weg mich mit dem unendlichen menschlichen Potential und seinen scheinbaren Begrenzungen auseinander zu setzen. Krankheiten sind immer eine Begrenzung bzw. eine Einschränkung unserer Fähigkeiten, wohingegen geistige Heilung eine Möglichkeit ist, dem Heilsuchenden zu helfen seine Begrenzungen aufzulösen, und dem Heiler eine Erfahrung seines erweiterten Potentials zu geben.
Unsere Glaubenssätze und Verhaltensmuster sind es, die uns daran hindern, unsere unendlichen Möglichkeiten zu nutzen. *„Zurück zur eigenen Göttlichkeit"* wäre auch ein guter Titel für dieses Buch, denn jeder Mensch besitzt unendliches Potential, das es zu entdecken gilt.

Du bist Gott

Oder wie Sathya Sai Baba es sagte:
„Du bist Gott, du bist nicht weniger als Gott."

Wenn diese beiden Behauptungen stimmen, dass jeder Mensch unendliches Potential besitzt oder gar Gott ist, warum erleben und erfahren wir das nicht?
Ganz einfach: Es wird uns nicht vorgelebt! Unsere Erfahrungswelt ist eine andere! Wir sind anders sozialisiert.
Ist dir schon mal jemand mit unendlichem Potential begegnet? Hast du Gott in menschlicher Gestalt getroffen? Wohl kaum! Oder doch – aber du hast ihn nicht erkannt!

Wir leben und erleben dauernd unsere Glaubenssätze und Verhaltensmuster – sowie die unserer Mitmenschen auch.

Wie sieht unsere reale Erfahrungswelt aus? Etwas provokativ ausgedrückt wird gesagt: „Das Leben dauert drei Jahre, der Rest ist Wiederholung!" In den ersten drei Lebensjahren bilden wir unsere Glaubenssätze und Verhaltensmuster aus und sind geprägt für den Rest unseres Lebens. Wir werden geboren und machen in den ersten drei Lebensjahren drei prägende Erfahrungen. 1.) „Ich werde nicht geliebt" 2.) „Ich bin allein gelassen worden" 3.) „Hier stimmt was nicht". Je nach Situation und Temperament fassen wir in diesen Situationen einen Beschluss, bilden einen Glaubenssatz, mit dem wir uns eine Überlebensstrategie zurechtlegen, mit der wir glauben, das zu erhalten was uns fehlt.

Welche Verhaltens-muster hast du ?

Die von uns erdachte und angewandte Strategie mag für einen 2 – 3 jährigen Menschen sogar gut funktionieren. Aber nicht auf Dauer. Wenn ich mich z.B. als Dreijähriger beim Einkaufen mit meiner Mutter vor der Kasse auf den Fußboden werfe, mit Händen und Füßen auf dem Boden trommle und laut schreie, bekomme ich tatsächlich die mir fehlende Aufmerksamkeit/Zuneigung (vielleicht auch zusätzlich die Schokolade), aber in den meisten Fällen nicht in dem positiven Sinn, wie ich die Aufmerksamkeit/Zuneigung erhalten möchte.

Welche Verhaltens-muster siehst du bei anderen?

Später im Leben wirkt dieses physische Verhalten eher lächerlich – wir werfen uns nicht mehr auf den Boden. Aber im übertragenen Sinne behalten wir dieses Muster bei und nerven unsere Mitmenschen mit ungeschickten Versuchen, ihre Aufmerksamkeit/Zuneigung zu erhalten. Unser Verhalten wirkt eher abstoßend und wir erhalten nicht die gewünschte Zuneigung, bzw. die gleiche „negative Aufmerksamkeit" wie als 3-jähriger von Mutters strafender Hand oder dem Anschnauzer. Wir werden eher gemieden. Was uns wiederum beweist, dass wir die uns zustehende Zuneigung nicht erhalten! Das Verhaltensmuster – entstanden aus dem Glaubenssatz – dass uns etwas fehlt, was wir haben wollen, ist geboren und begleitet uns unser ganzes Leben lang. Es sei denn, wir geben es auf.
Die unangenehmen Verhaltensmuster bei anderen Menschen erkennen wir oft leicht, da sie uns stören. Die eigenen Verhaltensmuster hingegen sind schwerer zu erkennen, da sie für uns immer als die absolute Wahrheit auftauchen, denn wir wissen, dass uns z.B. die uns zustehende Aufmerksamkeit verweigert wurde!

Kurz gesagt: Unser unendliches Potential (unsere eigene Göttlichkeit) ist hinter unseren Glaubenssätzen und Verhaltensmustern versteckt.

Diese Glaubenssätze und Verhaltensmuster können aufgelöst bzw. geändert werden!

Selbst wenn du im Moment nicht an dein unendliches Potential oder deine eigene Göttlichkeit glauben kannst, ist dieses Buch für dich geschrieben worden. Mit dem Auflösen deiner negativen Glaubenssätze und deiner negativen Verhaltensmuster lässt du mehr und mehr von deinem Potential zu. Vielleicht erkennst du dann irgendwann, dass du unbegrenztes Potential hast.

Also lass uns anfangen dein und mein Potential freizulegen.

Eine neue Denkweise ist nötig

Wie wollen wir das gemeinsam machen? Lass mich hier Albert Einstein zitieren: *„Probleme kann man niemals mit derselben Denkweise lösen, durch die sie entstanden sind."*

Vorurteile loslassen

Dieses Buch ist also eine Einladung, deine „Probleme" mit einer neuen Denkweise zu lösen! Das wird nicht immer ganz einfach sein. Auch hier bemühe ich A. Einstein: *„Es ist schwieriger, eine vorgefasste Meinung zu zertrümmern als ein Atom."*

Phantasie ist wichtiger als Wissen!

Aber auch hier weist uns Einstein einen Weg: „Phantasie ist wichtiger als Wissen, denn Wissen ist beschränkt"

Die Erkenntnis, dass Krankheit und Gesundheit, Erfolg und Misserfolg, Armut und Reichtum oft unbewusste Manifestationen der persönlichen Realität sind, hat sich mir im Laufe meiner Tätigkeit als geistiger Heiler und Anbieter von „Manifestationsseminaren" geradezu aufgedrängt. Somit ist das bewusste kreieren meiner / deiner persönlichen Realität für mich ein besonderes Anliegen geworden.
In meinem eigenen Bemühen, das Entstehen der persönlichen Realität zu verstehen und dann bewusst zu gestalten, habe ich unzählige Bücher gelesen, Seminare besucht, selbst Seminare gegeben und ganz bewusst meine eigenen Erfahrungen gesammelt.
Letztendlich basiert jede geistige Heilmethode (Reiki; Huna-Schamanismus; Quantenheilung; 3-Punktmethode, russische Heilmethode etc.),

jede Manifestation, jede „Bestellung beim Universum" auf den gleichen Prinzipien. Nur die Vermittlung dieser Prinzipien ist von Methode zu Methode unterschiedlich. Jede dieser Methoden kann zur Erkenntnis führen.

Was ist nun diese mögliche Erkenntnis?

„Alle Dinge, wenn sie zugelassen werden, werden durch das Licht offenbart, denn alles was offenbart wurde ist Licht."

Das „Licht" ist Bewusstsein. Bewusstsein ist eins, das sich in Heerscharen von Formen und Ebenen von Bewusstsein manifestiert. Es gibt Niemanden, der nicht *alles* das ist, denn Bewusstsein, obwohl ausgedrückt in einer unendlichen Serie von Ebenen, ist nicht teilbar. Es gibt keine wirkliche Trennung oder Lücke im Bewusstsein. „ICH BIN" kann nicht geteilt werden. Ich kann mich als reichen Menschen, als armen Menschen, als Bettler, oder als Dieb begreifen, aber das Zentrum meines SEINS bleibt dasselbe, egal welches Konzept ich von mir selbst habe. Im Zentrum der Manifestation gibt es nur ein „ICH BIN", das sich in endlosen Formen oder Konzepten von sich selbst und in „Ich bin das ich bin" manifestiert.

„ICH BIN" ist die Selbstdefinition des Absoluten, das Fundament auf dem alles ruht.
„ICH BIN" ist die erste Ursache-Substanz.
„ICH BIN" ist die Selbstdefinition von Gott.
„ICH BIN hat mich dir geschickt."
„ICH BIN DAS ICH BIN"
„Sei still und wisse ICH BIN Gott"
„ICH BIN" ist ein Gefühl von dauerhaftem Bewusstsein. Das ganze Zentrum des Bewusstseins ist das Gefühl von **„ICH BIN"**. Ich kann vergessen wer ich bin, wo ich bin, was ich bin, aber ich kann nicht vergessen das **„ICH BIN"**. Die Bewusstheit des Seins bleibt erhalten, egal zu welchem Umfang ich vergessen habe wer, wo, was ich bin.

„ICH BIN" ist das welches, inmitten unzähliger Formen, immer dasselbe ist. Diese große Entdeckung der Ursache enthüllt, egal ob gut oder schlecht, der Mensch ist der Gebieter seines eigenen Schicksals, und es ist sein Konzept von sich selbst, das die Welt bestimmt in der er lebt.

Mein Wissen und meine Erfahrungen zum Thema Manifestation (Erschaffung der eigenen Realität) gebe ich in diesem Buch weiter. Hierzu verwende ich großenteils von mir aus dem Englischen übersetzte Texte von Neville Goddard, der in seinen Texten die mir in den acht Jahren Heiler- und Seminarpraxis deutlich gewordenen und selbst angewandten Prinzipien des Manifestierens in klaren und deutlichen Worten darstellt.

Mit der Bereitschaft eine neue Denkweise mit Hilfe der Phantasie zumindest zuzulassen und auszuprobieren (auch wenn du diese neue Denkweise noch nicht ganz verstehst oder an sie glaubst) kannst du mit den vorgeschlagenen Methoden deine „Probleme" lösen und deine Realität bewusst manifestieren.

Bist du bereit?

Hab den Mut etwas Neues auszuprobieren!

Das Wort „Gott" kann für viele in diesem Zusammenhang schwierig sein, da es religiöse Gedankenverbindungen auslöst. Gott wird hier nicht in einem strengen religiösen Zusammenhang verstanden. Gott steht hier für einen der 108 Namen Gottes. Neutral, nicht religiös, kann man darunter die Quelle, Alles was ist, und nicht ist; den Schöpfungsakt, den Urknall, die universelle Lebensenergie, oder das „Nullpunkt-Energiefeld", wie es die Quantenphysiker bezeichnen, verstehen.

Wende für dich den Ausdruck, die Bezeichnung an, mit der du dich wohl fühlst – mit der du nicht provoziert wirst.

Das Gefühl ist das Geheimnis

Dieser Teil des Buches beschäftigt sich mit der Kunst deine Wünsche zu realisieren. Er gibt dir eine Übersicht über die Mechanismen, die zur Produktion der sichtbaren Welt angewandt werden. Er enthält einen Schatz, einen klar definierten Weg zur Realisierung deiner Träume.
Du als aufgeschlossener, vorurteilsloser Leser wirst aufgefordert, dass Gesetz des Bewusstseins, so wie es in diesem Text dargestellt wird, anzuwenden. Persönlicher Erfolg ist viel überzeugender als all die Bücher, die zu diesem Thema geschrieben werden könnten.

Wende die hier beschriebenen Prinzipien für dich in deinem Leben an!

Das Gesetz und seine Funktionen

Bewusstsein ist die Ursache wie auch die Substanz der gesamten Welt.

Die Welt und alles in ihr ist das vergegenständlichte, konditionierte menschliche Bewusstsein. Bewusstsein ist die Ursache wie auch die Substanz der gesamten Welt. Deshalb müssen wir uns dem Bewusstsein zuwenden, wenn wir das Geheimnis der Schöpfung verstehen wollen. Die Kenntnis des Gesetzes des Bewusstseins und die Kenntnis der Anwendungsmethoden, wird dich befähigen, alles was du dir in deinem Leben wünschst zu erreichen. Ausgerüstet mit den Grundkenntnissen dieses Gesetzes kannst du eine ideale Welt erschaffen und erhalten.

Bewusstsein ist die eine und einzige Realität, nicht nur bildlich sondern wirklich. Diese Realität kann zur Verdeutlichung verglichen werden mit einem Fluss, der in zwei Arme geteilt ist; das Bewusstsein und das Unterbewusstsein. Um das Gesetz des Bewusstseins intelligent anzuwenden, ist es notwendig die Beziehung zwischen Bewusstsein und Unterbewusstsein zu verstehen. **Das Bewusstsein ist persönlich und selektiv, das Unterbewusstsein ist unpersönlich und nicht selektiv. Das Bewusstsein ist das Gefilde der Wirkung,**

das Unterbewusstsein das Gebiet der Ursache. Diese beiden Aspekte sind die männliche und weibliche Seite des Bewusstseins. Das Bewusstsein bringt die Ideen hervor und prägt diese dem Unterbewusstsein ein; das Unterbewusstsein nimmt Ideen auf und gibt ihnen Form und Ausdruck.

Nach diesem Gesetz – zuerst eine Idee erdenken und dann diese erdachte Idee dem Unterbewusstsein einzuprägen, entstehen alle Dinge aus dem Bewusstsein, und ohne diese Abfolge ist nie etwas entstanden, das je entstanden ist. Das Bewusstsein prägt das Unterbewusstsein, während das Unterbewusstsein alles zum Ausdruck bringt mit dem es geprägt wird.

Dem Unterbewusstsein entspringen keine neuen Ideen, sondern es akzeptiert als wahr die Ideen, welche der bewusste Verstand als wahr empfindet – und vergegenständlicht – auf eine Art und Weise, die es nur selber weiß – die akzeptierten Ideen. Daher hat der Mensch durch seine Fähigkeit sich etwas vorzustellen und zu fühlen und seine Freiheit die Idee zu wählen, die er in Betracht ziehen möchte, Kontrolle über die Schöpfung. Kontrolle über dein Unterbewusstsein erhältst du durch die Kontrolle deiner Ideen und Gefühle.

Der Mechanismus der Schöpfung ist in der Tiefe des Unterbewusstseins versteckt, dem weiblichen Aspekt oder Schoß der Schöpfung. Das Unterbewusstsein transzendiert das Motiv und ist unabhängig von der Art der Ideenzuführung. Es betrachtet ein Gefühl als eine in sich selbst existierende Tatsache und beruhend auf dieser Annahme fängt es an, dem Gefühl Ausdruck zu geben. Der schöpferische Prozess fängt mit einer Idee an und der Schöpfungsprozess beginnt seinen Ablauf mit einem Gefühl und endet in einer Willensäußerung zum Handeln.

Ideen werden dem Unterbewusstsein durch das Medium Gefühl eingeprägt. Keine Idee kann dem Unterbewusstsein eingeprägt werden, ohne dass diese Idee zuerst gefühlt wird, aber ist sie einmal gefühlt – sei sie gut, schlecht oder neutral – muss sie zum Ausdruck kommen. Gefühl ist das eine und einzige Medium durch welches Ideen an das Unterbewusstsein übermittelt werden. Daher kann der Mensch, der seine Gefühle nicht kontrolliert, sehr leicht sein Unterbewusstsein mit nicht wünschenswerten Zuständen programmieren. Mit Kontrolle der

Gefühle ist nicht eine Beherrschung oder Unterdrückung der Gefühle gemeint, sondern eher eine Selbstdisziplin, sich nur solche Gefühle vorzustellen und zu hegen, die zu deinem Glück und deiner Freude beitragen. Die Kontrolle deiner Gefühle ist besonders wichtig für ein vollkommen glückliches Leben. Lass nie unerwünschte Gefühle zu oder habe Sympathien für Unrecht in irgendeiner Form, Ausdruck oder Erscheinung. Verweile nicht bei deiner Unvollkommenheit oder deinen Fehlern oder denen anderer. Wenn du das tust, programmierst du das Unterbewusstsein mit diesen Begrenzungen. Tue keinem an, was du nicht willst, dass man es dir antut; fühle nie etwas das weder dir noch einer anderen Person angetan werden soll. Dieses sind die ganzen Gesetzmäßigkeiten für ein erfülltes glückliches Leben. Alles andere sind nur Erläuterungen.

Jedes Gefühl hinterlässt unbewusst einen Eindruck, der, wenn er nicht durch ein stärkeres, gegensätzliches Gefühl aufgehoben wird, in der physischen Welt ausgedrückt werden muss.

Das dominante der beiden Gefühle, ist dasjenige, das ausgedrückt werden muss. *Ich bin gesund* ist ein stärkeres Gefühl als *ich werde gesund sein. Ich werde sein* zu fühlen, bedeutet kundzutun *ich bin nicht. Ich bin* ist stärker als *ich bin nicht!* Das Gefühl, wer du gerade bist, dominiert immer das Gefühl wer du sein möchtest; daher muss der Wunsch, um realisiert zu werden immer in einem Zustand der bereits ist, gefühlt werden und nicht in einem Zustand der noch nicht ist. Z.B. „Ich werde reich" hält dich immer in Armut.

Sinneswahrnehmung (Empfindung) kommt immer vor der Manifestation und ist das Fundament auf dem alle Manifestationen stehen. Hüte dich vor deinen Stimmungen und Gefühlen, denn es gibt eine ungebrochene Verbindung zwischen deinen Gefühlen und der sichtbaren Welt. Dein Körper ist ein emotionaler Filter und zeigt die unmissverständlichen Zeichen deiner vorherrschenden Emotionen. Emotionale Störungen, insbesondere unterdrückte Emotionen, sind die Ursache für alle Krankheiten. Heftige Gefühle über ein Unrecht sind, wenn sie nicht ausgesprochen werden, der Anfang von Unwohlsein – im Körper wie auch im Lebensumfeld. Lass nie das Gefühl von Bedauern oder Versagen aufkommen in Bezug auf Frustration oder Distanziertheit von den objektiven Ergebnissen deines Unwohlseins.

Denke gefühlvoll nur über den Zustand den du erreichen willst. Fühle die Realität des gewünschten Zustands. Lebe und handle basierend auf dieser Überzeugung, denn das ist die Art und Weise aller scheinbaren Wunder. Alle Änderungen von Erfahrungen entstehen durch eine Änderung der Gefühle. Eine Änderung des Gefühls ist eine Änderung des Schicksals. Die gesamte Schöpfung entsteht auf der Ebene des Unterbewusstseins. Was du dir also aneignen musst ist eine bewusste Steuerung der Arbeitsabläufe des Unterbewusstseins, das heißt die Kontrolle über deine Ideen und Gefühle.

Zufall und Unglück sind nicht verantwortlich für die Dinge, die dir passieren

Vorherbestimmtes Schicksal ist nicht der Autor deines Glücks oder Unglücks. Deine unbewussten Eindrücke bestimmen die Gegebenheiten deiner Welt. Das Unterbewusstsein ist nicht selektiv, es ist unpersönlich und respektiert keine Personen. Zufall und Unglück sind nicht verantwortlich für die Dinge, die dir passieren.

Dem Unterbewusstsein ist es egal, ob du eine gute oder schlechte Lebenssituation erleben wirst. Es akzeptiert ohne Urteil immer das als wahr, von dem du fühlst, dass es wahr ist. Gefühl sagt dem Unterbewusstseins, das als Wahrheit anzunehmen, was als wahr erklärt wurde. Bedingt durch diese Qualität des Unterbewusstseins gibt es nichts was für den Menschen unmöglich ist. Was immer der Verstand des Menschen sich als wahr erdenken und *fühlen* kann, kreieren die Muster, nach denen deine Welt entsteht, eine Änderung deiner Gefühle bewirkt eine Änderung der Muster.

Das Unterbewusstsein scheitert nie, das in der Realität zum Ausdruck zu bringen, mit dem es geprägt wurde. In dem Moment, in dem das Unterbewusstsein einen Eindruck erhält, fängt es an Wege zu erarbeiten, diesen Eindruck auszudrücken.

Es akzeptiert das Gefühl, mit dem es geprägt wird, dein Gefühl, als ein Fakt, der in ihm selbst existiert, und beginnt sofort in der äußeren oder objektiven Welt das exakte Ebenbild dieses Gefühls zu erschaffen.

Das Unterbewusstsein ändert nie die einmal anerkannte Vorstellung des Menschen. Es stellt sie detailgetreu dar, egal ob sie nutzbringend sind oder nicht.

Um das Unterbewusstsein mit dem gewünschten Zustand zu prägen, musst du das Gefühl annehmen, das du haben würdest, wenn dein Wunsch bereits in Erfüllung gegangen wäre. Um dein Ziel genau festzulegen, musst du dich ausschließlich mit dem Ziel beschäftigen. Die Art und Weise der Verwirklichung des Wunsches oder mögliche Schwierigkeiten bei der Erreichung sollen von dir nicht bedacht werden. Das freie, ungehinderte Denken an einen gewünschten Zustand prägt sich dem Unterbewusstsein ein. Wenn du demzufolge bei Schwierigkeiten, Hindernissen und Verzögerungen verweilst, wird das Unterbewusstsein aufgrund seiner Nicht-Selektivität die Gefühle von Schwierigkeiten, Hindernissen und Verzögerungen als dein Auftrag akzeptieren und anfangen diese in der äußeren Welt zu produzieren.

Das Unterbewusstsein ist der Schoß der Schöpfung

Das Unterbewusstsein ist der Schoß der Schöpfung. Es nimmt die Ideen in sich selbst durch die Gefühle der Menschen auf. Es ändert nie eine erhaltene Idee, aber verleiht ihr immer Form. Somit erstellt das Unterbewusstsein immer die erhaltene Idee als exakte Kopie und Ebenbild der erhaltenen Gefühle dar. Wenn du einen Zustand als hoffnungslos oder unmöglich fühlst, prägst du das Unterbewusstsein mit der Idee des Scheiterns.

Auch wenn das Unterbewusstsein treu dem Menschen dient, muss man nicht daraus schließen, dass die Beziehung eine von Herr und Diener ist, wie es früher angenommen wurde. Das Unterbewusstsein hat eine ausgesprochene Abneigung gegen Zwang und reagiert eher auf Überzeugung als auf Befehl, somit ähnelt es eher einer geliebten Frau als einem Diener.

Der bewusste (objektive) oder männliche Aspekt ist der Chef und dominiert den unterbewussten (subjektiven) oder weiblichen Aspekt. Diese Herrschaft ist jedoch nicht die eines Tyrannen, sondern die eines Liebhabers. So, wenn du das Gefühl annimmst, das du fühlen würdest, wenn du bereits in Besitz deines gewünschten Objektes wärest, ist das Unterbewusstsein gezwungen das exakte Ebenbild deiner Annahme zu erstellen. Deine Wünsche werden unbewusst so lange nicht akzeptiert, bis du in dir die Gefühle ihrer Realität erzeugst, denn nur durch Gefühle wird eine Idee unbewusst akzeptiert und nur durch diese Akzeptanz durch das Unterbewusstsein wird die Idee überhaupt realisiert.

Es ist jedoch ewige Wahrheit, dass das Äußere das Innere spiegelt. „Wie Innen so Außen".

Es ist leichter deine Gefühle den Geschehnissen der Welt zuzuschreiben, als zuzugeben, dass die Geschehnisse der Welt deine Gefühle reflektieren. Es ist jedoch ewige Wahrheit, dass das Äußere das Innere spiegelt. „Wie Innen so Außen". „Der Mensch kann nichts empfangen, es sei denn er empfängt es vom Himmel" und „Das Königreich des Himmels ist in dir." Nichts kommt von Außerhalb; alle Dinge kommen von Innen – aus dem Unterbewusstsein. Deine Welt ist in jedem Detail dein objektiviertes Bewusstsein. Objektive Zustände sind die Zeugen unbewusster Prägungen. Eine Änderung der Prägung resultiert in einer Änderung der objektiven Zustände.

Weil Kreation das Resultat unbewusster Prägung ist, bestimmst du mit deinen Gefühlen die Schöpfung

Das Unbewusste akzeptiert das als wahr, was du als wahr empfunden / gefühlt hast, und weil Kreation das Resultat unbewusster Prägung ist, bestimmst du mit deinen Gefühlen die Schöpfung. Du bist bereits der der du sein willst, und deine Weigerung dies zu glauben, hindert dich daran dies zu sehen. Außerhalb nach dem zu suchen der du sein möchtest, ist eine vergebliche Suche, denn wir werden nie das finden was wir wollen, sondern nur das, wer wir sind. Kurz gesagt, du hast und bringst nur das zum Ausdruck, das du bewusst bist oder besitzt.

Die Verneinung der Beweise deiner Sinneseindrücke und die Annahme des Gefühls / der Gefühle des bereits erfüllten Wunsches ist der Weg zur Verwirklichung deiner Wünsche.

Nutze den Schlaf und das Gebet

Die Beherrschung und Kontrolle deiner Gedanken und Gefühle ist deine höchste Errungenschaft. Bis jedoch perfekte Selbstkontrolle erreicht ist, indem du trotz des äußeren Erscheinungsbildes nur das fühlst, das du fühlen willst, nutze den *Schlaf und das Gebet* um deine gewünschten Zustände zu realisieren. Diese sind die beiden Portale in das Unterbewusstsein.

Der Schlaf

Schlaf, das Leben, das ein Drittel unseres Daseins auf der Erde ausmacht, ist der natürliche Zugang in das Unterbewusstsein. Deshalb beschäftigen wir uns jetzt mit Schlaf. Die bewussten zwei Drittel unseres Lebens auf der Erde werden gemessen an dem Grad von Aufmerksamkeit, die wir dem Schlaf geben. Unser Verständnis von und Vergnügen an dem, was Schlaf uns zu bieten hat, wird uns Nacht für Nacht veranlassen den Schlaf herbeizusehnen, wie die Verabredung mit einem geliebten Menschen.

Im Schlaf und im Gebet (einem schlafähnlichem Zustand) betritt der Mensch das Unterbewusstsein, um es zu prägen und seine Belehrungen zu erhalten. In diesen Zuständen sind das Bewusste und das Unbewusste kreativ vereint. Das Männliche und das Weibliche werden eins. Schlaf ist die Zeit wenn das männliche oder der bewusste Verstand sich von der Welt der Sinne abwendet, um sich seiner Geliebten, dem unbewussten Selbst zuzuwenden.

Das Unterbewusstsein hat keinerlei Verlangen das Bewusstsein, den Wachzustand zu ändern, sondern liebt ihn wie er ist, und reproduziert wirklichkeitsgetreu sein Ebenbild in der äußeren Welt der Formen. Die Bedingungen und Erscheinungen deines Lebens sind deine Kinder, geformt aus den Gussformen deiner unbewussten Prägungen im Schlaf. Sie sind gestaltet nach den Vorstellungen und Bildern deiner tiefsten, innersten Gefühle, damit diese dir selbst offenbart werden.

„Wie im Himmel so auf Erden." Wie im Unbewussten so auf Erden. Was immer du beim Einschlafen in deinem Bewusstsein hältst, bestimmt das Ausmaß deiner Erfahrungen in den zwei Dritteln deines Wachzustandes auf Erden. Nichts kann dich daran hindern deine Zielvorstellungen zu erreichen, es sei denn, du versäumst zu fühlen, dass du bereits der bist, der du sein möchtest, oder dass du bereits in Besitz der Dinge bist, die du haben willst. Dein Unterbewusstsein gibt deinen Wünschen nur dann Form, wenn du deinen Wunsch als bereits erfüllt *fühlst*.

Die Unbewusstheit des Schlafs ist der Normalzustand des Unterbewusstseins. Da alle Dinge aus deinem Innern kommen, und deine Vorstellung von dir selbst bestimmt, was kommt, solltest du immer deinen Wunsch als bereits erfüllt fühlen bevor du einschläfst. Du förderst nie aus den Tiefen deines Selbst das, was du haben oder sein möchtest hervor, sondern ziehst nur das hervor, das du bereits bist, und du bist das, was du von dir selbst fühlst zu sein und das was du als Wahrheit über andere fühlst.

Um nun einen Wunsch zu realisieren muss der Wunsch in ein Gefühl umgewandelt werden, das den gewünschten Zustand des Seins oder Habens spiegelt oder bezeugt. Dies wird erreicht indem du das Gefühl annimmst, das entsteht, wenn du deinen erfüllten Wunsch erlebst. Das Gefühl, das als Antwort auf die Frage „Wie würde ich mich fühlen, wenn mein Wunsch erfüllt wäre?" kommt, ist das Gefühl, das dein Bewusstsein beherrschen und ruhigstellen soll während du entspannt einschläfst. Du musst in dem Bewusstsein sein, das zu sein oder zu haben, das du sein oder haben möchtest, bevor du einschläfst.

Deine Gemütslage vor dem Einschlafen bestimmt deinen Bewusstseinszustand

Erst einmal eingeschlafen, hat der Mensch keine freie Wahl mehr. Sein ganzer Schlummer wird von seiner letzten wachen Auffassung über ihn selbst dominiert. Daraus folgt, er sollte immer ein Gefühl der Zielerreichung und Befriedigung annehmen bevor er schlafengeht. Deine Gemütslage vor dem Einschlafen bestimmt deinen Bewusstseinszustand während du dich deiner ewigen Geliebten, deinem Unterbewusstsein hingibst. Sie sieht dich genauso, wie du dich fühlst zu sein. Wenn du, während du dich auf den Schlaf vorbereitest eine bewusste Einstellung von Erfolg einnimmst und aufrecht erhältst mit dem Gefühl „Ich bin erfolgreich" musst du erfolgreich sein.

ÜBUNG

Lege dich in deinem Bett flach auf den Rücken, den Kopf ebenfalls flach – ohne Kissen. Fühle als wenn du bereits in Besitz des Gewünschten bist und entspanne ruhig ins Unbewusste.

Das Unterbewusstsein schläft nie. Schlaf ist die Tür durch die der bewusste, wache Verstand geht, um sich schöpferisch mit dem Unterbewusstsein zu verbinden. Der Schlaf versteckt den schöpferischen Akt, während die objektive Welt ihn offenbart. Im Schlaf prägt der Mensch das Unterbewusstsein mit der Vorstellung seines Selbst.

Gibt es eine schönere Beschreibung dieser Romanze zwischen dem Bewusstsein und dem Unterbewusstsein wie sie im „Lied von Salomon" beschrieben wird?

„Nachts in meinem Bett suche ich ihn, den meine Seele liebt…Ich fand ihn, den meine Seele liebt, ich hielt ihn fest und ließ ihn nicht gehen bis ich ihn in meiner Mutter Haus brachte und in ihr Zimmer, in dem ich gezeugt wurde".

Wenn du dich bettfertig machst, fühlst du dich in den Zustand deines erfüllten Wunsches hinein und dann entspann dich ins Unbewusstsein hinein. Dein realisierter Wunsch ist der den du suchst. Nachts in deinem Bett suchst du das Gefühl des erfüllten Wunsches, den du in ihr Zimmer mitnimmst, in dem du gezeugt wurdest, in den Schlaf oder das Unterbewusstsein, das dir Form gab, damit auch diesem Wunsch Form gegeben wird. So entdeckst du die Handlungsweise mit der du deine Wünsche dem Unterbewusstsein zuführst. Fühle dich selbst in den Zustand des erfüllten Wunsches hinein und schlaf ruhig ein.

Nacht für Nacht solltest du das Gefühl von Sein, Haben und Miterleben dessen, was du sein, besitzen oder offenbart sehen willst, annehmen. Gehe nie schlafen mit einem Gefühl von Unzufriedenheit oder Entmutigung. Schlafe nie mit dem Bewusstsein von Misserfolg ein. Dein Unterbewusstsein, dessen natürlicher Zustand der Schlaf ist, sieht dich so, wie du selbst glaubst zu sein, ob das nun gut, schlecht oder indifferent ist, wird das Unterbewusstsein deine Überzeugung zum Ausdruck bringen. Wie du fühlst, so beeindruckst du sie, und sie, die perfekte Geliebte gibt diesen Prägungen Form und verkörpert sie als die Kinder ihres Geliebten.

Gehe nie schlafen mit einem Gefühl von Unzufriedenheit oder Entmutigung.

Schlafe nie mit dem Bewusstsein von Misserfolg ein.

„Du bist durch und durch schön, meine Liebe" ist die Einstellung deines Verstandes, die du einnehmen solltest, bevor du einschläfst. Beachte nicht das äußere Erscheinungsbild, sondern fühle, dass die Dinge so sind, wie du sie haben möchtest, denn „Er ruft Dinge an, die nicht zu sehen sind, als ob sie hier wären, und das Ungesehene wird gesehen." Das Gefühl der Befriedigung anzunehmen, bedeutet Bedingungen hervorzurufen, die Befriedigung spiegeln. Der Beweis dass du bist, folgt dem Bewusstsein das du bist, er wird nicht zuerst da sein.

Du bist ein ewiger Träumer, der nichtewige Träume träumt. Deine Träume nehmen Formen an, indem du das Gefühl ihrer Realität annimmst. Beschränke dich nicht auf die Vergangenheit. Wissend dass nichts für das Bewusstsein unmöglich ist, fang an dir Zustände,

Situationen vorzustellen, die jenseits deiner vergangenen Erfahrungen liegen. Was immer der menschliche Verstand sich vorstellen kann, kann der Mensch auch realisieren. Alle objektiv sichtbaren Zustände waren zuerst subjektiv unsichtbare Zustände, und du hast sie als sichtbare Zustände hervorgebracht, indem du das Gefühl ihrer Realität angenommen hast. Der kreative Prozess beginnt mit der Vorstellung des erdachten Zustandes gefolgt vom Glauben an den erdachten Zustand. Stell dir immer etwas vor und erwarte das Beste.

Die Welt kann sich nicht ändern, es sei denn du änderst deine Auffassung von ihr. „Wie Innen so Außen".

> Nationen und Menschen sind nur das, was du glaubst, dass sie sind

Nationen und Menschen sind nur das, was du glaubst, das sie sind. Egal was das Problem ist, egal wo es ist, egal wen es betrifft, du musst niemanden ändern außer dich selbst und du hast keinen Gegner oder Helfer, der die Änderung in dir selbst hervorbringt. Du hast nichts weiter zu tun als dich selbst von der Wahrheit dessen, was du manifestiert sehen willst, zu überzeugen. Sobald du dich erfolgreich von der Realität des gesuchten Zustands überzeugt hast, folgen die Ergebnisse, die deine festgelegten Überzeugungen bestätigen. Du sollst nie einer anderen Person den Zustand nahelegen, den du durch diese Person ausgedrückt sehen möchtest, stattdessen überzeuge dich selbst, dass sie bereits die Person ist, diese Eigenschaften ausdrückt, die du in ihr sehen möchtest.

> Jede Nacht, wenn du einschläfst, fühle dich zufrieden und makellos!

Die Realisierung deines Wunsches wird durch die Annahme des Gefühls des bereits erfüllten Wunsches vollbracht. Du kannst nicht versagen, es sei denn du schaffst es nicht, dich selbst von der Realität deines Wunsches zu überzeugen. Eine Änderung der Überzeugung wird durch eine Änderung der Erscheinung bestätigt. Jede Nacht, wenn du einschläfst, fühle dich zufrieden und makellos, denn deine Geliebte formt die gegenständliche Welt als genaues Abbild deiner Vorstellung der Welt, wobei deine Vorstellung durch deine Gefühle definiert wird.

Die wachen zwei Drittel unseres Lebens auf Erden untermauern und bestätigen immer deine unbewussten Prägungen. Die Handlungen und Geschehnisse des Tages sind Auswirkungen; sie sind nicht Ursache! Der freie Wille ist nur Freiheit der Wahl. Du bist frei die Art deines Gemütszustandes zu wählen, den du annimmst; aber der physische Ausdruck deines Gemütszustandes ist das Geheimnis des

Unterbewusstseins. Das Unterbewusstsein wird ausschließlich durch die Gefühle des Menschen geprägt und gibt diesen Prägungen auf eine Art und Weise, die es nur selbst kennt, Form und Ausdruck. Die Aktionen der Menschen werden durch seine unbewussten Prägungen bestimmt. Seine Illusion eines freien Willens und sein Glauben an frei bestimmte Handlungen ist nichts als Ignoranz der Gründe, die ihn wirklich handeln lassen. Er glaubt frei zu sein, weil er die Verbindung zwischen sich selbst und den Geschehnissen vergessen hat.

Der wache Mensch ist unter Zwang seine unbewussten Prägungen zum Ausdruck zu bringen. Wenn er sich in der Vergangenheit unklug geprägt hat, dann soll er anfangen seine Gedanken und Gefühle zu ändern, denn nur wenn er das tut, wird er seine Welt ändern. Verschwende keine Zeit mit Bedauern, denn wenn du gefühlvoll an die Fehler der Vergangenheit denkst infizierst du dich wieder selbst. Wende dich vom äußeren Erscheinungsbild ab und nehme das Gefühl an, das du haben würdest, wenn du bereits der bist, der du sein möchtest.

Verschwende keine Zeit mit Bedauern, denn wenn du gefühlvoll an die Fehler der Vergangenheit denkst infizierst du dich wieder selbst.

Einen Zustand zu fühlen bewirkt den Zustand. Die Rolle, die du auf der Weltbühne spielst wird durch deine Auffassung von dir selbst bestimmt. Während du deinen Wunsch als bereits erfüllt fühlst und ruhig entspannt in den Schlaf gleitest, übernimmst du die Star-Rolle in dem Schauspiel das morgen auf der Erde gespielt wird, und während du schläfst wirst du unterrichtet und deine Rolle wird einstudiert.

Einen Zustand zu fühlen bewirkt den Zustand

Die Akzeptanz des Ziels bedingt automatisch die Mittel zur Erreichung des Ziels. Mach dir davon keine falschen Vorstellungen. Wenn du dich beim Schlafen gehen nicht bewusst in den Zustand deines erfüllten Wunsches hinein fühlst, dann wirst du in die Kammer, die dich empfangen hat, die Gesamtsumme aller Reaktionen und Gefühle deines Tages mitnehmen, und während du schläfst wirst du in der Methode unterrichtet, mit der du sie morgen wieder zum Ausdruck bringst. Du wirst aufstehen und glauben, dass du ein freier Mensch bist, und nicht erkennen, dass jede Aktion und Geschehnis des Tages vorherbestimmt wird durch die Vorstellung die du von dir hattest als du einschliefst. Die einzige Freiheit, die dir bleibt, ist die Freiheit der Reaktion. Du bist frei zu wählen, wie du auf das Drama des Tages regierst und fühlst, aber das Drama, die Handlungen, Geschehnisse und Umstände des Tages wurden bereits bestimmt.

Auf-
gepasst!
Unbewuss-
te negative
Prägungen

Wenn du nicht bewusst und absichtlich die Einstellung deines Verstandes definierst, mit der du schlafen gehst, wirst du unbewusst mit einem Gemisch von innerer Einstellung, die aus den Reaktionen und Gefühlen des Tages besteht, einschlafen. Jede Reaktion löst eine unbewusste Prägung aus, und, wenn dieser nicht durch ein gegensätzliches und mehr dominantes Gefühl entgegengewirkt wird, ist die unbewusste Prägung die Ursache für zukünftige Handlungen.

Ideen eingebettet in Gefühle sind kreative Handlungen. Nutze deine göttlichen Rechte weise. Durch deine Fähigkeit zu denken und zu fühlen besitzt du Herrschaft über die gesamte Schöpfung.
Während du wach bist, bist du ein Gärtner, der die Saat für seinen Garten auswählt. Deine Vorstellung von dir selbst, während du einschläfst, ist der Samen den du in den Boden des Unterbewusstseins einpflanzt. Wenn du zufrieden und glücklich einschläfst, erzwingst du Umstände und Geschehnisse in deiner Welt zu erscheinen, die die Einstellung deines Geistes bestätigen. Schlaf ist das Tor zum Himmel. Was du als Gefühl hineinträgst, trägst du als Beschaffenheit, Handlung oder Objekt wieder in den Raum hinaus. Darum schlaf mit dem Gefühl des erfüllten Wunsches ein. „Wie im Bewusstsein so auf Erden."

Im Grunde geht es bei dieser Methode darum, den Körper ruhig zu stellen und das Gehirn in den „Alphazustand" zu versetzen. Jede dir bekannte Methode (Meditation etc.) mit der du deinen Körper ruhigstellen kannst, und dein Gehirn in den Alphazustand bringst, erfüllt den gleichen Zweck.

Das Gebet

Das Gebet ist wie der Schlaf ein Eingangstor ins Unterbewusste. Gebet ist eine Illusion von Schlaf, die die Eindrücke der äußeren Welt schwächer werden lässt, und den Geist für Eingebungen von Innen empfänglicher macht. Der Geist ist im Gebet in einem Zustand der Entspannung und Empfänglichkeit, das dem Gefühl ähnlich ist, das kurz vor dem Einschlafen erlangt wird. Im Gebet geht es nicht vorrangig um das was du erbittest, sondern wie du dich auf den Empfang des erbetenen vorbereitest. Die einzige Bedingung ist, dass du glaubst, dass dein Gebet bereits erfüllt ist.

Das Gebet ist wie der Schlaf ein Eingangs-tor ins Unterbe-wusste

Dein Gebet muss erfüllt werden, wenn du das Gefühl annimmst, das du haben würdest, wenn du bereits im Besitz des erbetenen Ziels wärest. In dem Moment, in dem du den Wunsch als vollzogene Tatsache akzeptierst, findet das Unterbewusstsein Wege für seine Realisierung. Um erfolgreich zu beten musst du dich dem Wunsch hingeben, d. h. fühle, spüre den Wunsch auf allen Sinnesebenen als erfüllt.

Der vollkommen disziplinierte Mensch ist immer im Einklang mit seinem Wunsch als vollendete Tatsache. Er weiß, dass Bewusstsein die eine und einzige Realität ist, dass Ideen und Gefühle Fakten des Bewusstseins sind und reale Objekte im Raum sind; daher wird er nie ein Gefühl annehmen, das nicht zu seinem Glücksempfinden beiträgt, denn Gefühle sind die Ursachen von Handlungen und Umständen in seinem Leben.

Andererseits findet es der undisziplinierte Mensch schwierig etwas zu glauben, das seine Sinne verneinen, und akzeptiert oder lehnt deshalb Dinge ab, allein basierend auf dem äußeren Erscheinungsbild seiner Sinne. Wegen dieser Tendenz, sich nur auf das Beweismaterial der Sinne zu verlassen, ist es notwendig, sie vor dem Gebet auszuschalten, bevor du versuchst das zu fühlen, was sie dir verweigern. Wann immer du in dem Geisteszustand bist: „Ich würde gerne, aber ich kann nicht", wirst du dich immer weiter von der Hingabe an deinen Wunsch entfernen, je stärker du es versuchst. Du wirst nie das anziehen, das du haben willst, sondern immer nur das, dessen du dir bewusst bist zu sein.

Gebet ist die Kunst das Gefühl dessen anzunehmen was du sein und haben willst. Wenn die Sinne die Abwesenheit deines Wunsches bestätigen, sind alle bewussten Bemühungen dieser Suggestion entgegenzuwirken vergeblich und tendieren dazu diese Suggestion zu verstärken.

Gebet ist die Kunst sich dem Wunsch hinzugeben und nicht das Erzwingen des Wunsches. Wann immer dein Gefühl im Gegensatz zu deinem Wunsch steht, wird immer das Gefühl der Gewinner sein. Das dominierende Gefühl wird sich ausnahmslos immer zum Ausdruck bringen. Gebet muss ohne Anstrengung sein. Bei dem Versuch eine geistige Einstellung zu verbessern, die von den Sinnen nicht anerkannt wird, ist jede Anstrengung verheerend.

Meditative Betrachtung

Um sich erfolgreich dem Wunsch als vollendete Tatsache hinzugeben, musst du dir einen passiven Zustand, eine Art Tagtraum oder meditative Betrachtung kreieren, ähnlich dem Gefühl kurz vor dem Einschlafen. In solch einem entspannten Zustand wendet sich der Geist von der gegenständlichen Welt ab und nimmt leicht die Realität eines subjektiven Zustandes wahr. Es ist ein Zustand, in dem du bewusst und in der Lage bist dich zu bewegen und deine Augen zu öffnen, aber hast keinen Wunsch das zu tun.

ÜBUNG

Eine leichte Art und Weise diesen passiven, entspannten Zustand zu erreichen ist, sich auf einem bequemen Stuhl oder dem Bett zu entspannen. Im Bett legst du dich flach auf den Rücken, der Kopf liegt ebenfalls flach auf der gleichen Ebene wie der Körper. Auf dem Stuhl sitzend stellst du beide Füße hüftbreit auf den Boden, die Arme liegen locker auf der Lehne oder dem Schoß. Schließe deine Augen und stelle dir vor, dass du schläfrig bist. Fühle: *„Ich bin schläfrig, sehr schläfrig, so sehr schläfrig"*. In Kürze wird ein entrücktes Gefühl auftreten, verbunden mit allgemeiner Mattigkeit und dem Unwillen dich zu bewegen wird dich umhüllen. Du fühlst eine angenehme, behagliche Ruhe und hast keine Lust deine Position zu ändern. Wenn dieser passive Zustand erreicht ist, stell dir vor, dass sich dein Wunsch realisiert hat – nicht wie er realisiert wurde – sondern nur dass sich der Wunsch erfüllt hat. Stell dir in bildlicher Form vor, was du in deinem Leben erreichen willst, dann fühle, dass du das bereits erreicht hast. Gedanken produzieren winzig kleine Sprachbewegungen, welche im passiven Zustand des Gebets als Verkündigung von außen wahrgenommen werden können.

Dieser passive Zustand ist jedoch nicht Voraussetzung für die Realisierung deines Gebets. Das einzig Notwendige ist ein passiver Zustand und das Gefühl des erfüllten Wunsches. Alles was du möglicherweise brauchst oder dir wünschst ist bereits deins. Du brauchst keinen Helfer der es dir gibt; es ist deins – jetzt. Bringe deinen Wunsch ins Dasein indem du ihn dir als den bereits erfüllten Wunsch vorstellst und fühlst. Wenn die Erfüllung akzeptiert ist, bleibst du einem möglichen Versagen gegenüber völlig gleichgültig, da die Annahme der Erfüllung die Mittel und Wege zur Erfüllung hervorruft. Wenn du aus diesem Moment des Gebetes herauskommst, ist es als ob dir das Ende eines Schauspiels gezeigt wird, obwohl dir nicht gezeigt wird, wie dieses Ende zustande kam. Da du das Ende miterlebt hast, ohne jedoch den vorhergehenden Abspann zu sehen, verbleibst du ruhig und sicher in dem Wissen, das die Erfüllung, das Ende, zum Wohle aller Beteiligten, perfekt definiert ist.

Geist und Gefühl

„Nicht mit Macht, nicht mit Kraft, sondern mit meinem Geist sagt Gott." Begib dich in die Stimmung des gewünschten Zustandes indem du das Gefühl annimmst, das deins wäre, wenn du bereits der bist, der du sein möchtest. Während du das Gefühl des gesuchten Zustandes erfasst, bist du von allen Bemühungen befreit diesen Zustand zu erreichen, denn *er* ist bereits da. Es gibt ein bestimmtes Gefühl, das mit jedem Gedanken eines Menschen verbunden ist. Erfasse dieses Gefühl, dass mit deinem realisierten Wunsch verbunden ist, indem du dir dieses Gefühl vorstellst, das sich bei dir einstellen würde, wenn du deinen erfüllten Wunsch erlebst. Dann wird sich dein Wunsch vergegenständlichen.

Glauben ist Gefühl. Du wirst nie das anziehen das du haben willst, sondern immer nur das was du bist. Wie ein Mensch ist, so sieht er. So wie du dich selbst fühlst zu sein, so bist du, und dir wird das gegeben, wer du bist. Deshalb nehme das Gefühl an, das deins sein wird, wenn dein Wunsch erfüllt ist, dann muss dein Wunsch erfüllt werden. „Darum kreierte Gott den Mensch nach seinem Bilde, nach dem Bilde Gottes kreierte er ihn." Du bist das, was du von dir selbst glaubst zu sein. Es ist vollkommen natürlich die Arbeit dessen zu tun, der du glaubst zu sein. Also lebe in dem Gefühl der zu sein, der du sein möchtest und du wirst er sein.

Wenn der Mensch an den Wert eines Ratschlages glaubt, der ihm gegeben wurde und diesen anwendet, begründet er in sich selbst die Realität von Erfolg.

Hiermit ist eigentlich alles gesagt, was du wissen musst, um dein Leben bewusst zu gestalten.

Erkenntnisse der Quantenphysik

An dieser Stelle möchte ich Erkenntnisse der Quantenphysik und einige Gedanken dazu einfügen. In der Quantenphysik wird darauf hingewiesen, dass der „erste Beobachter" bestimmt, wie sich die Quanten (die kleinsten Materiebausteine) verhalten; d.h. der „erste Beobachter" erschafft mit seinem Bewusstsein (durch seine bewusste Beobachtung) die physische Realität. Wenn du dich also in deiner Vorstellung in den Zustand des bereits erfüllten Wunsches begibst, bist du der erste Beobachter dieses Zustandes und erschaffst somit seine materielle Manifestation.

Diese Gedanken und Erklärungen sind sicherlich ungewöhnlich, aber wenn dich wissenschaftliche Erklärungen hierzu interessieren, solltest du das Buch **„Das Nullpunkt-Feld"** von Lynn McTaggert lesen. In der Taschenbuchausgabe von Goldmann, im Kapitel 9 – *Das endlose Hier und Jetzt* – werden Experimente beschrieben, mit denen nachgewiesen wird, dass der erste Beobachter (das Bewusstsein) sowohl die Vergangenheit wie auch die Zukunft beeinflussen kann.

In dem Buch **„Das bewusste Universum – Wie Bewusstsein die materielle Welt erschafft"** von dem Physikprofessor Amit Goswami findet der interessierte Leser weitere quantenphysikalische Erklärungen zu diesem Thema.

Übung macht den Meister!

„Die meisten beeinflussen Realität nicht auf beständige Weise, weil sie nicht glauben, dass sie das können. Sie notieren eine Absicht und radieren sie dann aus, weil sie denken, das ist albern oder „ich kann das nicht". Dann notieren sie sie erneut und löschen sie wieder. Vom zeitlichen Durchschnitt her ist es ein winziger Effekt. Es läuft wirklich darauf hinaus, dass sie meinen, sie können es nicht"

William Tiller, Ph. D.

„Ich wache morgens auf und erschaffe meinen Tag bewusst nach meinem Wunsch. Manchmal, weil ich im Geiste alles durchgehe, was ich erledigen will, dauert es eine Weile, bis ich zu dem Punkt komme, wo ich tatsächlich meinen Tag völlig bewusst erschaffe. Aber wenn ich meinen Tag erschaffe und kleine unerklärliche Dinge aus dem Nichts heraus passieren, dann weiß ich, dass sie der Prozess oder das Ergebnis meiner Schöpfung sind. Im Laufe der Zeit baue ich in meinem Gehirn ein Neuronetz auf und ich akzeptiere, dass es möglich ist. Es gibt mir die Fähigkeit und den Anreiz, es am nächsten Tag wieder zu tun."

Dr. Joseph Dispenza

Hier nun eine weitere Möglichkeit zur Gestaltung von Wünschen:

Die vier Mächtigen

Der **Produzent**, der **Autor**, der **Regisseur** und der **Schauspieler** sind die vier wichtigsten Charaktere bei der Produktion eines Schauspiels.

Im Drama des Lebens ist es die Aufgabe des Produzenten, das Thema des Schauspiels vorzuschlagen. Dieses tut er in der Form eines Wunsches wie z. B. *„Ich wünschte, ich wäre erfolgreich"*; *„Ich wünschte, ich könnte diese Reise machen"*; *„Ich wünschte, ich wäre verheiratet"* usw., usw. Um aber auf der Bühne der Welt aufgeführt zu werden, müssen diese allgemeinen Themen irgendwie spezifiziert und im Detail ausgearbeitet werden. Es reicht nicht aus zu sagen: *„Ich wünschte, ich wäre erfolgreich"* – das ist zu vage, zu allgemein. Erfolgreich mit was, worin?
Der erste „Mächtige" schlägt allerdings nur das Thema vor.

Die Bühnenbearbeitung wird der Originalität des zweiten „Mächtigen" überlassen, dem Autor. Für den Bühnenauftritt schreibt der Autor nur die letzte Szene des Schauspiels – diese Szene wird aber sehr detailliert geschrieben.
Diese Szene muss den bereits erfüllten Wunsch darstellen. Er konstruiert mental eine Szene, die so lebensecht wie möglich ist, in der er erlebt, was er erleben würde, wenn sein Wunsch erfüllt wäre. Wenn diese Szene klar und deutlich visualisiert ist, ist die Arbeit des Autors erledigt.

Der dritte „Mächtige" in der Produktion des Spiels des Lebens ist der Regisseur. Die Aufgaben des Regisseurs bestehen darin, dass er dafür sorgt, dass der Schauspieler sich genau an das Drehbuch hält und mit ihm die Szene immer wieder und wieder übt, bis sich der Schauspieler in der Aufführung völlig natürlich verhält.
Diese Funktion kann verglichen werden mit einer kontrollierten und bewusst ausgerichteten Aufmerksamkeit – einer Aufmerksamkeit, die ausschließlich auf eine Handlung, eine Maßnahme gerichtet ist, die bedeutet, dass der Wunsch bereits erfüllt ist.

Die Form des vierten „Mächtigen" könnte man mit dem Sohn Gottes vergleichen – der menschlichen Vorstellungskraft, dem Schauspieler.

Der vierte „Mächtige“ führt in sich selbst, in seiner Vorstellungskraft, die vorherbestimmte Handlung auf, die Erfüllung des Wunsches voraussetzend. Weder beobachtet noch visualisiert diese Funktion die Handlung. Diese Funktion führt tatsächlich das Drama auf, wieder und immer wieder, bis es die Qualität der Realität angenommen hat.

Ohne Aufführung des bereits erfüllten Wunsches in der eigenen Vorstellung, bleibt das Thema nur ein Thema und schläft für immer in den großen Lagerhallen der ungeborenen – nicht realisierten Themen.

Die Vergangenheit kann durch die Rekonstruktion mit neuem Inhalt berichtigt werden. Man sollte in seinen Gedanken jeden Tag noch einmal erleben, und zwar so, wie er hätte sein sollen, indem alle Vorfälle gedanklich, in der Vorstellung, so gestaltet werden, dass sie der Idealvorstellung entsprechen. Wenn du heute zum Beispiel mit der Post eine enttäuschende Nachricht erhalten hast, korrigiere den Brief. Schreibe gedanklich einen neuen Brief mit dem positiven Inhalt, den du dir erwünscht hattest. Dann, in deiner Vorstellung, lese dir diesen verbesserten Brief wiederholt, mehrmals vor, bis sich der verbesserte Briefinhalt für dich ganz natürliche anfühlt, das Gefühl des bereits erfüllten Wunsches annimmt. Nach diesem Prinzip korrigierst du die Vergangenheit.

Hier die Geschichte einer Immobilientransaktion, wie Neville Goddard sie berichtet hat.

„Im Juli letzten Jahres habe ich meinen Immobilienmakler beauftragt, ein Stück Land zu verkaufen, das für mich zu einer finanziellen Last geworden war. Seine negative Antwort listete alle Gründe auf, weshalb Verkäufe in dieser Region zur Zeit still standen, und er auch für die nahe Zukunft keine Besserung sah. Vermutlich würde sich die Marktsituation erst im nächsten Jahr bessern.“

Ich erhielt seinen Brief mit diesen Angaben am Dienstag – und in meiner Vorstellung habe ich seinen Brief dahingehend neu formuliert, dass er mir mitteilt, dass er sehr gerne meinen Verkaufsauftrag annimmt. Ich las mir diesen korrigierten Brief in meiner Vorstellung immer wieder vor. Außerdem erweiterte ich in meiner Vorstellung das Drama, indem ich die „vier Mächtigen“ einsetze. Nämlich den Produzenten, den Autor, den Regisseur und den Schauspieler.

In meiner gedanklichen Theateraufführung schlug ich als Produzent das Thema vor: „Das Grundstück wird mit Gewinn verkauft.“ Als Autor schrieb ich diese einfache Szene, die die Erfüllung meines Wunsches darstellt: Im Büro des Immobilienmaklers stehend, schüttele ich die Hand des Maklers und sage: „Ich danke Ihnen.“ und er antwortet: „Es war mir ein Vergnügen für Sie arbeiten zu dürfen.“ Als Regisseur übte ich mit mir selbst, dem Schauspieler, diese Aufführung bis sie sich für mich anschaulich und real anfühlte und sich bei mir ein Gefühl der Erleichterung einstelle, da ich diese finanzielle Last nun endlich los war.

Drei Tage später rief mich der Makler an und teilte mir mit, dass er für mein Grundstück zum vereinbarten Preis eine Anzahlung erhalten habe. Der Kaufvertrag wurde schon am nächsten Tag unterzeichnet und ich schüttelte die Hand des Maklers und sagte: „Ich danke Ihnen.“ Der Makler antwortete: „Es war mir ein Vergnügen für Sie arbeiten zu dürfen.“

Fünf Tage nachdem ich die Fantasievorstellung entworfen und eingeübt hatte, wurde sie zur physischen Realität, Wort für Wort, so wie ich es in meiner Vorstellung gesprochen und gehört hatte. Das Gefühl der Erleichterung und der Freude kam nicht nur vom Verkauf des Grundstücks, sondern von dem tatsächlichen Beweis, dass die Fantasievorstellung sich in Realität verwandelt hatte.“

Gedanken zur Manifestation

„Ihr erschafft euer Leben durch eure eigenen Gedankenprozesse – dadurch, wie ihr denkt. Denn alles was ihr denkt, werdet ihr fühlen; und alles was ihr fühlt, manifestiert sich, und erschafft so eure Lebensbedingungen."

„Diese Welt, die ihr „die Wirklichkeit" nennt, könnte nie existieren, wenn ihr nicht die Fähigkeit hättet, sie durch Emotion, die sich in eurer Seele rührt, wahrzunehmen; sie wäre ein Nichts. Dieses ganze Paradies aus Materie wurde nur geschaffen, um Emotionen in den Seelen jener auszulösen, die an diesem Wunderwerk der schöpferischen Form teilnehmen. Warum? Für den größten Lohn des Lebens – Weisheit. Und Weisheit heißt nicht intellektuell zu verstehen; sie ist in der Tat ein emotionales Verständnis, das durch Erfahrung gewonnen wird."

„Das Leben, diese große Bühne, ist euer Reich. Es ist die Bühne, auf der ihr eure Illusionen, eure Fantasien und Träume erschafft. Diese märchenhafte Bühne gibt euch Gelegenheit, jede Wirklichkeit, die ihr begehrt, ins Dasein zu träumen. Denn der Gott, der ihr seid, hat die unbegrenzte Freiheit, jeglichen Gedanken zu träumen, die Emotion zu fühlen und den Traum Wirklichkeit werden zu lassen. Und an jedem Punkt könnt ihr es euch jedesmal anders überlegen."

„Grund für das Leben auf einer Ebene der Dichte (der Erde) ist – und diese Erfahrung ist ausschließlich für die Menschheit bestimmt – demjenigen der sich auf sie begibt zu beweisen, dass jedesmal wenn ein Gedanke emotional angenommen wird, dieser Gedanke bald darauf Wirklichkeit wird. Und wenn diese Erkenntnis vollkommen verstanden wird, wenn diese ehrfurchtgebietende Schöpferkraft erkannt wird, verstärkt das eine innere Ausrichtung, die euch zu dem Wissen, dass ihr Gott seid, führt. Ohne die menschliche Erfahrung würdet ihr das nie wissen."

„Wie werden eure Wünsche manifestiert? Ein Wunsch ist nichts weiter als der Gedanke von Erfüllung, den man in einem Gegenstand, in einer Wesenheit oder in einer Erfahrung sieht. Jeglicher Erfüllungsgedanke, den ihr euch zu fühlen erlaubt, verlässt euren Körper durch das elektromagnetische Feld und geht in den Strom des Bewusstseins ein, um für euch das anzuziehen,

was dasselbe Gefühl erzeugen wird, wie der Wunsch, der im Körper gespürt wurde. Je vollständiger und intensiver dieser Wunsch in eurem Körper gefühlt wird, desto vollständiger wird seine Erfüllung sein. Und je größer die Gewissheit, mit der ihr wisst, dass euer Wunsch in Erfüllung gehen wird, desto schneller geschieht seine Manifestation. Denn absolutes Wissen ist ein Gedanke mit einer hohen Frequenz, der die Erwartung, die ihr durch eure Aura hinausgesendet habt, verstärkt und somit eure Macht eure Wünsche zu manifestieren, vergrößert."

Aus Ramtha – das weiße Buch

...Oder wie Henry Ford schon sagte: *„Es ist egal ob du glaubst du kannst es, oder du glaubst, du kannst es nicht. Auf jeden Fall hast du Recht."*

„Wenn du denkst du bist Gott – dann bist du Gott.
Wenn du denkst du bist Staub – dann bist du Staub.
Du bist was du denkst."

Sai Baba

Grundwissen

Zur Vertiefung und Anwendung der Manifestations-Prinzipien hier eine Zusammenfassung des Grundwissens.

Mit so einem gewaltigen Thema ist es in der Tat schwierig in einigen hundert Worten, das zusammenzufassen, was ich als die wichtigsten Grundideen erachte, auf die sich jene, die ein wahres Verständnis der Metaphysik anstreben, konzentrieren sollten. Zusammenfassend handelt es sich um drei Grundideen. **Diese drei Grundideen sind: Selbst-Beobachtung, Festlegung von Zielen und Distanziertheit.**

Der Zweck wahrer Metaphysik ist es eine Wiedergeburt oder eine radikale psychologische Veränderung im Individuum zu bewirken. Solch eine Veränderung kann so lange nicht stattfinden, bis das Individuum zuerst das Selbst entdeckt hat, das er ändern möchte. Diese Entdeckung kann nur durch eine urteilsfreie, kritiklose Beobachtung seiner Reaktionen auf das Leben stattfinden. Die Gesamtsumme dieser Reaktionen bestimmt den Bewusstseinszustand des Individuums, und es ist der Bewusstseinszustand des Individuums, der die Gegebenheiten und Umstände seines Lebens hervorbringt.
Der Startplatz wahrer Metaphysik ist praktisch gesehen die Selbst-Beobachtung, um die eigenen Reaktionen auf das Leben, Reaktionen, die das eigene geheime Selbst formen, die Ursache des Phänomens des Lebens.

Wie Emerson, akzeptiere ich die Tatsache dass: „Der Mensch sich mit dem wahren Abbild seines Selbst umgibt... Wir können nur das sehen, was wir sind."

Es gibt eine eindeutige Verbindung zwischen dem, was im Äußeren und im Inneren des Menschen ist, und es ist immer unser innerer Zustand, der unser äußeres Leben gestaltet. Daher muss jeder bei sich selbst anfangen.
Es ist das eigene Selbst, das geändert werden muss!

Der Mensch in seiner Verblendung ist ganz zufrieden mit sich selbst, aber mag von ganzen Herzen die Situationen und Umstände seines Lebens nicht. So empfindet er das Leben oft als negativ, ohne zu wissen, dass der Grund für sein Missbehagen nicht an den Umständen liegt, noch an der Person, die ihn verärgert, sondern in dem eigenen Selbst, das er so sehr liebt. Nicht erkennend, dass *„er sich mit dem wahren Abbild seines Selbst umgibt"* und *„nur das sehen kann, was er ist"*, er ist geschockt, wenn er entdeckt, dass seine eigene Falschheit, Arglist und Hinterlist die Ursache seines Misstrauens anderen gegenüber ist.

Tu das Jetzt!

Selbst-Beobachtung würde diese Falschheit in uns allen aufdecken; und dieser Zustand muss akzeptiert werden, bevor irgendeine Veränderung unseres Selbst stattfinden kann. Versuche jetzt, in diesem Moment, deinen inneren Zustand zu bemerken. Welchen Gedanken stimmst du zu? Mit welchen Gefühlen hast du dich identifiziert? Du musst immer sehr sorgfältig auf deinen inneren Zustand achten.

Die meisten von uns denken, dass wir freundlich und liebend, großzügig und tolerant, vergebend und edel sind; aber eine neutrale, urteilsfreie Beobachtung unserer Reaktionen auf das Leben wird ein Selbst enthüllen, das überhaupt nicht freundlich und liebend, großzügig und tolerant, vergebend und edel ist. Es ist dieses Selbst, dass wir zuerst akzeptieren müssen und uns dann daran machen müssen, um es zu ändern.

Wiedergeburt bedarf der inneren Arbeit am eigenen Selbst. Keiner kann wiedergeboren werden ohne dieses innere Selbst zu ändern. Jedes Mal wenn eine vollkommen neue Art von Reaktionen im Leben einer Person auftreten, hat eine Veränderung im Bewusstsein stattgefunden; eine spirituelle Wiedergeburt ist erfolgt.

Nachdem du durch urteilsfreie Beobachtung deiner Reaktionen auf das Leben ein Selbst entdeckt hast, das geändert werden muss, musst du jetzt ein Ziel formulieren. Das heißt du musst das Selbst definieren, das du sein willst anstelle dessen, was du in Wirklichkeit heimlich bist. Mit diesem klar definierten Ziel musst du während deines ganzen wachen, bewussten Tages deine Reaktionen in Bezug auf dieses Ziel beobachten.

Der Grund hierfür ist, dass jeder in einem klar umrissenen Bewusstseinszustand lebt, diesen Bewusstseinszustand haben wir bereits als die Gesamtsumme seiner Reaktionen aufs Leben beschrieben. Wenn du jetzt einen neuen Bewusstseinszustand für dich definierst, definierst du einen Bewusstseinszustand, der wie alle Bewusstseinszustände, seine Reaktionen auf das Leben hervorbringen muss. Wenn zum Beispiel ein Gerücht oder eine lockere Bemerkung bei einer Person eine besorgte Reaktion auslösen könnte und bei einer anderen Person keinerlei Reaktion auslöst, ist dies ein positiver Beweis, dass diese zwei Personen in unterschiedlichen Bewusstseinszuständen leben. Wenn es dein Ziel ist ein edles, großzügiges, geborgenes, freundliches Individuum zu sein, und du weißt, dass alle Dinge ein Bewusstseinszustand sind, kannst du sehr leicht feststellen ob du deinem Ziel treu bist, indem du deine Reaktionen auf die täglichen Geschehnisse des Lebens beobachtest. Wenn du gewissenhaft dein Ziel verfolgst, werden deine Reaktionen auf das Leben mit deiner Zielvorstellung übereinstimmen, denn du hast dich mit deinem Ziel identifiziert und wirst von diesem Ziel aus denken. Wenn deine Reaktionen nicht mit deinem Ziel übereinstimmen, ist es ein sicheres Zeichen, dass du von deinem Ziel getrennt bist, und nur an es denkst. Nimm an du bist die liebenswerte Person, die du sein möchtest, und du beobachtest während des ganzen Tages deine Reaktionen in Bezug auf diese Annahme, dann werden dir deine Reaktionen zeigen, von welchem Bewusstseinszustand aus du handelst.

Dies ist der Punkt an dem der dritte Grundsatz – Distanziertheit – ins Spiel kommt. Nachdem wir entdeckt haben, dass alles ein Zustand ist, den das Bewusstsein sichtbar macht, und wir den Zustand definiert haben, den wir sichtbar machen wollen, machen wir uns jetzt an die Aufgabe diesen Zustand zu erreichen, denn wir müssen uns psychologisch bewegen von dort wo wir sind hin zu, wo wir zu sein wünschen.

Der Zweck Distanziertheit zu üben besteht darin, uns von unseren jetzigen Reaktionen aufs Leben zu trennen und uns mit unserem Ziel im Leben zu verbinden. Diese innere Trennung muss durch üben entwickelt werden. Anfänglich scheint es zu sein, dass wir keine Kraft haben uns von unseren eigenen unerwünschten inneren Zuständen zu lösen; einfach weil wir immer jeden Gemütszustand, jede Reaktion als natürlich angenommen haben, haben wir uns mit ihnen identifiziert. Wenn wir keine Ahnung haben, dass unsere Reaktionen nur Bewusstseinszustände sind, von denen wir uns möglichenfalls selbst trennen können, gehen wir in einem Kreis herum und erleben immer wieder die gleichen Probleme, und sehen sie nicht als einen inneren Zustand an, sondern als äußere Zustände. Wir üben Distanziertheit, oder innere

Trennung, damit wir aus dem Teufelskreis unserer gewohnheitsgemäßen Reaktionen auf das Leben ausbrechen. Deshalb formulieren wir ein Ziel und beobachten uns ständig in Bezug auf unser Ziel.

Dieses Training beginnt mit der Selbst-Beobachtung. Es fragt: „Was willst du?" Dann lehrt es dich Distanziertheit von allen negativen Zuständen und Bindung an dein Ziel. Dieser letzte Zustand – Bindung an dein Ziel – wird durch öfters wiederholte Annahme (Vorstellung / vorweggenommene Erfahrung) des Gefühls, des bereits erfüllten Wunsches, erreicht. Wir trainieren uns von unseren negativen Stimmungen und Gedanken zu lösen inmitten all der Probleme und Schwierigkeiten des täglichen Lebens. Niemand kann anders sein als er jetzt ist, es sei denn er löst sich von seinen jetzigen Reaktionen und identifiziert sich selbst mit seinem Ziel. Distanziertheit von negativen Zuständen und die gefühlsmäßige Annahme des bereits erfüllten Wunsches, wird mitten in all den Segnungen und Flüchen des Lebens geübt. Der Zugang zur wahren Metaphysik liegt mitten im Trubel des Lebens. Wir praktizieren ständig Selbst-Beobachtung, denken von unserem Ziel aus, und lösen uns von allen negativen Stimmungen und Gedanken, wenn wir Schöpfer der Wahrheit sein wollen und nicht nur Zuhörer. Praktiziere diese drei Grundsätze und du wirst zu immer höheren Ebenen des Bewusstseins aufsteigen. Denk daran, es ist dein Bewusstseinszustand, der dein Leben erschafft.

Fang an aufzusteigen.

Praktische Anwendung des Grundwissens

Hier einige Beispiele aus dem Leben

Zitat aus dem Grundwissen: *„Der Zweck wahrer Metaphysik ist es eine Wiedergeburt oder eine radikale psychologische Veränderung im Individuum zu bewirken. Solch eine Veränderung kann so lange nicht stattfinden, bis das Individuum zuerst das Selbst entdeckt hat, das es ändern möchte. Diese Entdeckung kann nur durch eine urteilsfreie, kritiklose Beobachtung seiner Reaktionen auf das Leben stattfinden. Die Gesamtsumme dieser Reaktionen bestimmt den Bewusstseinszustand des Individuums, und es ist der Bewusstseinszustand des Individuums, der die Gegebenheiten und Umstände seines Lebens hervorbringt."*

Grundwissen: „Die meisten von uns denken, dass wir freundlich und liebend, großzügig und tolerant, vergebend und edel sind; aber eine neutrale, urteilsfreie Beobachtung unserer Reaktionen auf das Leben wird ein Selbst enthüllen, das überhaupt nicht freundlich und liebend, großzügig und tolerant, vergebend und edel ist. Es ist dieses Selbst, dass wir zuerst akzeptieren müssen und uns dann daran machen müssen um es zu ändern."

Ja denkste, war nichts mit freundlich und liebend großzügig und tolerant, vergebend und edel. Ich war mies drauf!

An einem Herbstmorgen vor einigen Jahren, als ich noch in Berlin-Neukölln wohnte, ging ich morgens runter, um bei meinem LIDL einzukaufen. Hinter der Eingangstür rechts stehen die Einkaufswagen, von denen ich natürlich einen für meinen Einkauf haben wollte. Den passenden EURO schon in der Hand, musste ich erleben, dass der Zugang zu den Einkaufswagen durch drei sich unterhaltende „türkische" Mütter mit Kinderwagen versperrt wurde. Mein erster Gedanke dazu: *„Können sich die blöden Kühe nicht woanders für ihre Morgenunterhaltung hinstellen"*. Meine verbale Aufforderung: *„Können Sie mal Platz machen. Ich möchte an die Einkaufswagen ran."* Klang sicherlich nicht sonderlich freundlich. Endlich im Besitz meines Einkaufswagens schob ich los. Nach ca. 25 Metern ging es nicht weiter. Der Gang war durch einen herrenlosen bzw. frauenlosen Kinderwagen versperrt. Meine Gedanken waren: *„Scheiße, was soll das!"* Also schob ich dieses Hindernis zur Seite, damit ich mit meinem Einkaufswagen vorbei konnte. Kaum habe ich den Kinderwagen zur Seite geschoben, werde ich von hinten von der Mutter angeblafft, was mir einfällt, die Ruhe ihres Kindes zu stören. Ich konnte mich beherrschen und habe meine Klappe gehalten und der dummen Kuh nur einen bösen Blick zugeworfen. Mein Gedanke dazu: *„Mann, heute sind die aber wieder unterwegs!"* Weiter ging das fröhliche Einkaufen. Ohne weitere Zwischenfälle komme ich Richtung Kasse und stelle mich in der Reihe links außen an. Irgendein eiliger Zeitgenosse glaubte, dass er an der rechten Kasse die kürzere, schnellere Schlange haben würde und drängte sich zwischen meinem Hintermann und mir nach rechts durch, dabei schob er mich nach vorn und ich meinen Einkaufswagen meiner Vorderfrau in die Beine. Diese machte aus Ihrem Unmut auf meine unfreiwillige Attacke auf ihre Beine keinen Hehl und beschimpfte mich laut. In Gedanken hatte ich schon geantwortet. ...

Das waren dreimal nacheinander eindeutig kritische, urteilende Reaktionen von mir auf das Leben!

Da wurde mir plötzlich klar: *Alfred, du hast miese Laune, dein Umfeld spiegelt dir gerade deine innere Einstellung, damit du sie im Äußeren erleben kannst. Hör damit auf! Wo ist deine gute Laune? Gib ihr eine Chance. Lass deine gute Laune leuchten.* Mit dieser neuen Einstellung entschuldigte ich mich bei meiner Vorderfrau und erklärte ihr, dass ich angeschubst wurde. Das Ganze täte mir trotzdem Leid. Ihre und meine Stimmung besserte sich schlagartig. Mit der Kassiererin ergab sich noch ein netter Plausch. Der Rest des Tages wurde durch meine bessere Laune bestimmt.

GRUNDWISSEN: „Der Mensch in seiner Verblendung ist ganz zufrieden mit sich selbst, aber mag von ganzen Herzen die Situationen und Umstände seines Lebens nicht. So empfindet er das Leben oft als negativ, ohne zu wissen, dass der Grund für sein Missbehagen weder an den Umständen liegt, noch an der Person, die ihn verärgert, sondern in dem eigenen Selbst, das er so sehr liebt. Nicht erkennend, dass „er sich mit dem wahren Abbild seines Selbst umgibt" und „nur das sehen kann, was er ist". Er ist geschockt, wenn er entdeckt, dass seine eigene Falschheit, Arglist und Hinterlist die Ursache seines Misstrauens anderen gegenüber ist."

GRUNDWISSEN: „Der Startplatz wahrer Metaphysik ist – praktisch gesehen – die Selbst-Beobachtung, um die eigenen Reaktionen auf das Leben, Reaktionen, die das eigene geheime Selbst formen, die Ursache des Phänomens des Lebens."

GRUNDWISSEN: „Wenn es dein Ziel ist ein edles, großzügiges, geborgenes, freundliches Individuum zu sein, und du weißt, dass alle Dinge ein Bewusstseinszustand sind, kannst du sehr leicht feststellen ob du deinem Ziel treu bist, indem du deine Reaktionen auf die täglichen Geschehnisse des Lebens beobachtest. Wenn du gewissenhaft dein Ziel verfolgst, werden deine Reaktionen auf das Leben mit deiner Zielvorstellung übereinstimmen, denn du hast dich mit deinem Ziel identifiziert und wirst von diesem Ziel aus denken. „Wenn deine Reaktionen nicht mit deinem Ziel übereinstimmen, ist es ein sicheres Zeichen, dass du von deinem Ziel getrennt bist, und nur an es denkst. Nimm an du bist die liebenswerte Person, die du sein möchtest, und du beobachtest während des ganzen Tages deine Reaktionen in Bezug auf diese Annahme, dann werden dir deine Reaktionen zeigen, von welchem Bewusstseinszustand aus du handelst."

„Wenn deine Reaktionen nicht mit deinem Ziel übereinstimmen, ist es ein sicheres Zeichen, dass du von deinem Ziel getrennt bist, und nur an es denkst. Nimm an du bist die liebenswerte Person, die du sein möchtest, und du beobachtest während des ganzen Tages deine Reaktionen in Bezug auf diese Annahme, dann werden dir deine Reaktionen zeigen, von welchem Bewusstseinszustand aus du handelst."

Und weiter... Mit dieser neuen Einstellung entschuldigte ich mich bei meiner Vorderfrau und erklärte ihr, dass ich angeschubst wurde, das ganze täte mir trotzdem Leid. Ihre und meine Stimmung besserte sich schlagartig. Mit der Kassiererin ergab sich noch ein netter Plausch. Der Rest des Tages wurde durch meine bessere Laune bestimmt.

GRUNDWISSEN: „ Nachdem du durch urteilsfreie Beobachtung deiner Reaktionen auf das Leben ein Selbst entdeckt hast, das geändert werden muss, musst du jetzt ein Ziel formulieren. Das heißt du musst das Selbst definieren, das du sein willst anstelle dessen, dass du in Wirklichkeit heimlich bist. Mit diesem klar definierten Ziel musst du während deines ganzen wachen, bewussten Tages deine Reaktionen in Bezug auf dieses Ziel beobachten".

GRUNDWISSEN: „Dies ist der Punkt an dem der dritte Grundsatz – Distanziertheit – ins Spiel kommt. Nachdem wir entdeckt haben, dass alles ein Zustand ist, den das Bewusstsein sichtbar macht, und wir den Zustand definiert haben, den wir sichtbar machen wollen, machen wir uns jetzt an die Aufgabe diesen Zustand zu erreichen, denn wir müssen uns psychologisch bewegen von dort wo wir sind hin zu wo wir wünschen zu sein.

Der Zweck Distanziertheit zu üben besteht darin, uns von unseren jetzigen Reaktionen aufs Leben zu trennen und uns mit unserem Ziel im Leben zu verbinden. Diese innere Trennung wird durch Üben entwickelt. Anfänglich scheint es zu sein, dass wir keine Kraft haben uns von unseren eigenen unerwünschten inneren Zuständen zu lösen; einfach weil wir immer jeden Gemütszustand, jede Reaktion als natürlich angenommen haben, haben wir uns mit ihnen identifiziert. Wenn wir keine Ahnung haben, dass unsere Reaktionen nur Bewusstseinszustände sind, von denen wir uns möglichenfalls selbst trennen können, gehen wir in einem Kreis herum und erleben immer wieder die gleichen Probleme, und sehen sie nicht als einen inneren Zustand an, sondern als äußere Zustände. Wir üben Distanziertheit, oder innere Trennung, damit wir aus dem Teufelskreis unserer gewohnheitsgemäßen Reaktionen auf das Leben ausbrechen.

„Deshalb formulieren wir ein Ziel und müssen uns ständig in Bezug auf unser Ziel beobachten."

Dieses Training beginnt mit der Selbst-Beobachtung. Es fragt: „Was willst du?" Dann lehrt es dich Distanziertheit von allen negativen Zuständen und Bindung an dein Ziel. Dieser letzte Zustand – Bindung an dein Ziel – wird durch wiederholte Annahme (Vorstellung / vorweggenommene Erfahrung) des Gefühls, des bereits erfüllten Wunsches, erreicht. Wir trainieren uns von negativen Stimmungen und Gedanken zu lösen inmitten all der Probleme und Schwierigkeiten des täglichen Lebens. Niemand kann anders sein als er jetzt ist, es sei denn er löst sich von seinen jetzigen Reaktionen und identifiziert sich selbst mit seinem Ziel. Distanziertheit von negativen Zuständen und die gefühlsmäßige Annahme des bereits erfüllten Wunsches, wird mitten in all den Segnungen und Flüchen des Lebens geübt. Der Zugang zur wahren Metaphysik liegt mitten im Trubel des Lebens. Wir praktizieren ständig Selbst-Beobachtung, denken von unserem Ziel aus, und lösen uns von allen negativen Stimmungen und Gedanken, wenn wir Schöpfer der Wahrheit sein wollen und nicht nur Zuhörer. Praktiziere diese drei Grundsätze und du wirst zu immer höheren Ebenen des Bewusstseins aufsteigen. Denk daran: „Es ist dein Bewusstseinszustand, der dein Leben erschafft."

Beispiel: Post

An einem sehr heißen Sommertag war ich um 11:00 Uhr mit Gisela zum Brunch verabredet. Auf dem Weg zum Café wollte ich noch schnell zur Post, um ein Päckchen an meinen Freund Detlev in Schweden zu schicken. Die Zeit war knapp bemessen. Es kam wie es kommen musste. In der Post eine Riesenschlange, stickige, heiße Luft und die üblichen Schnecken hinter dem Schalter. Das Bedientempo entsprechend. Mir war sofort klar, das wird eng mit der Verabredung. Du kommst zu spät oder musst das Päckchen mit zum Brunch schleppen. Dazu hatte ich auch keine Lust. Indem ich so beschäftigt mit den ersten Frustgedanken die lange Schlange beobachte, geht ein Mann an mir vorbei nach vorne. Mein erster Gedanke, na der will bestimmt zum Kontoauszugdrucker. Nee, denkste, der Kerl stellt sich glatt vier Personen vor mir in die Schlange. Meine Gedanken kamen schnell und unkontrolliert: *„Sprich den Kerl an, oder besser hau ihm gleich eins auf die Fresse"* Der nächste Gedanke war schon kontrollierter: *„Man bin ich aggressiv"* Noch kontrollierter ging es weiter *„Was will ich eigentlich?"*

So ungefähr war der darauf folgende gedankliche Ablauf. Was passiert gerade? Was wäre das Gegenteil davon? Was will ich dabei für mich? Den Wunsch erweitern. Was will ich dabei für andere? Dann der Gedanke: „Was will ich wirklich? Ich will rechtzeitig ankommen. Und alle sollen zügig bedient werden."

Dann formulierte ich in Gedanken meinen Wunsch:
„Ich bin, dass ich rechtzeitig zu meiner Brunchverabredung komme." „Ha, außerdem wäre es sehr schön, wenn ich und alle in der Schlange schnell, zügig und freundlich bedient werden." Kaum hatte ich das gedacht, schaute der Kerl, der sich vorgedrängelt hatte auf seine Armbanduhr, schüttelte mit dem Kopf, scherte aus der Schlange aus und verließ das Gebäude. Kurz darauf wechselte vorne das Personal (vermutlich war die Frühstückspause vorbei) und die Bedienung nahm richtig Tempo auf. Was soll ich sagen, ich kam nur mit 5 Minuten Verspätung im Café an.

Aber da ich ein für mich neues Konzept – nicht pünktlich sein, sondern rechtzeitig anzukommen – entwickelt hatte, ergab es sich, dass Gisela ca. mit 8 Minuten Verspätung ankam und anfing sich wortreich zu entschuldigen, als ich sie lachend unterbrach und ihr von meinem Posterlebnis erzählte. – Soweit die Postgeschichte –

Nun ist es an dir, verehrter Leser, die Entwicklung dieses Geschehens mit dem Grundwissen abzugleichen.

Die Prinzipien des Grundwissens wurden auch hier umgesetzt!

Beispiel: Tischbeine

Im Herbst 2012 schloss ich meine Heilerpraxis in Neukölln. So eine Praxisauflösung bringt Umzugsarbeiten mit sich. Interessant war hier eine kleine Episode, in der die Grundprinzipien sehr schnell umgesetzt wurden.

In der Praxis hatte ich zwei 3 Meter lange Tische, die auf festgeschraubten Metallbeinen standen. So, ich drehe den ersten Tisch um, sodass ich leicht die Metallbeine abschrauben kann. Das erste Tischbein löst sich leicht und schnell. Das zweite Bein bewegt sich einfach nicht, egal wie viel Kraft ich auch aufwende. Ich komme schon ins Schwitzen und fange innerlich an zu schimpfen. Da schießt es mir durch den Kopf: *„Für jede Situation im Universum gibt es auch die genau entgegengesetzte Position."* Für die Schraube des Tischbeins gibt es also zwei Möglichkeiten, sie kann fest sein oder lose sein. Was erlebe ich gerade? Ich erlebe gerade dass die Schraube fest ist, und leiste durch Kraftanstrengung Widerstand gegen diesen Zustand – und verleihe ihm damit noch mehr Realität. Somit taucht die Frage auf: *„Was will ich?"* Da beschließe ich, dass ich erleben will, dass die Schraube lose ist. ...und das Tischbein lässt sich leicht und locker lösen! So einfach ging es dann weiter mit allen erst fest sitzenden Tischbeinen.

GRUNDWISSEN: „Dieses Training beginnt mit der Selbst-Beobachtung. Zweitens fragt es: „Was willst du?" Dann lehrt es dich Distanziertheit von allen negativen Zuständen und Bindung an dein Ziel. Dieser letzte Zustand – Bindung an dein Ziel – wird durch wiederholte Annahme (Vorstellung / vorweggenommene Erfahrung) des Gefühls, des bereits erfüllten Wunsches, erreicht. Wir müssen uns trainieren, uns von unseren negativen Stimmungen und Gedanken inmitten all der Probleme und Schwierigkeiten des täglichen Lebens zu lösen. Niemand kann anders sein als er jetzt ist, es sei denn er löst sich von seinen jetzigen Reaktionen und identifiziert sich selbst mit seinem Ziel.

Distanziertheit von negativen Zuständen und die gefühlsmäßige Annahme des bereits erfüllten Wunsches, muss mitten in all den Segnungen und Flüchen des Lebens geübt werden. Der Zugang zur wahren Metaphysik liegt mitten im Trubel des Lebens. Wir müssen ständig Selbst-Beobachtung praktizieren, von unserem Ziel aus denken, und uns von allen negativen Stimmungen und Gedanken lösen, wenn wir Schöpfer der Wahrheit sein wollen und nicht nur Zuhörer. Praktiziere diese drei Grundsätze und du wirst zu immer höheren Ebenen des Bewusstseins aufsteigen. Denk daran, es ist dein Bewusstseinszustand, der dein Leben erschafft."

Beispiel: Der Penner in der U-Bahn

Einfache Bewusstseinsänderungen können das Tageserleben verschönern.

Ich stieg in die U6 Richtung Tegel ein. Irgendwie war ich in Gedanken. Es war einer dieser alten Waggons, mit gegenüberliegenden langen Holzbänken in der Mitte. Ich setze mich auf die leere lange Holzbank in die linke Ecke. Schaue dann auf und sehe mir gegenüber eine junge Frau, fast noch ein Mädchen, die sich geradezu in der Ecke ihrer Bank versteckt. Am anderen Ende der Bank sitzt der Grund für ihre Haltung. Ein alter Penner! Mein erster Gedanke: *„Na prima, typisch Berliner U-Bahn. Hättest ja auch aufpassen können und dich woanders hinsetzen können."* Indem ich so vor mich hindenke, sehe ich mir den Mann genauer an. Er hat ein freundliches, intelligentes Gesicht. Ich denke mir, wäre doch interessant herauszufinden, wie dieser Mensch in eine solche Situation geraten ist. Dabei muss ich unwillkürlich lächeln. Der Penner wird aktiv und stößt mit seiner ausgestreckten rechten Hand und Zeigefinger mehrmals in meine Richtung und ruft: *„Das sage ich auch immer, ein Tag ohne Lachen ist ein verlorener Tag!"* Diese Weisheit hatte ich nun von einem Penner ganz und gar nicht erwartet. Ich musste lachen und es entwickelte sich ein interessantes Gespräch zwischen uns. Es wurde noch witziger. Die junge Dame gab ihre Schutzhaltung auf, wirkte entspannter und lauschte unserer Unterhaltung. An der nächsten Haltestelle steigt ein kleinwüchsiger Mann ein (so ca. 150 cm groß) und setzt sich hinten im Stehraum auf einen der Notsitze. Auch der Mann hört uns interessiert zu. An der nächsten Haltestelle steigt eine Dame ein mit einer dänischen Dogge und stellt sich in den Stehraum vor den Kleinwüchsigen, der hinter der Dogge verschwindet. Die Dame mit

Hund steigt in der nächsten Station aus. Der Kleinwüchsige wendet sich an mich und den Penner: *„Wenn ich so'n Köter als Reittier gehabt hätte wäre ich heute U-Bahnfahrer"* Ich frage ihn *„Wieso das?"* *„Die haben mich nicht genommen, weil ich zu klein bin. Hätte ich auf so einer Dogge gesessen, wäre ich groß genug gewesen!"* Es war eine lustige U-Bahnfahrt.

Was will ich mit dieser Geschichte aufzeigen? Ich hätte gegenüber dem Penner die abweisende Haltung der jungen Dame einnehmen können und hätte eine langweilige, mit inneren Beschwerden über Penner in U-Bahnen angefüllte Reise gehabt. Mit einer einfachen Änderung meines Bewusstseins, meiner Einstellung gegenüber dem Penner, hatte ich eine lustige, interessante Reise.

GRUNDWISSEN: „Es gibt eine eindeutige Verbindung zwischen dem, was im Äußeren und im Inneren des Menschen ist, und es ist immer unser innerer Zustand, der unser äußeres Leben gestaltet. Daher muss jeder bei sich selbst anfangen."

Es ist das eigene Selbst, das geändert werden muss!

Wir wissen immer was wir nicht wollen – und verleihen damit dem Unerwünschten Realität. – What you resist exists!

Immer wenn du im Widerstand bist, immer wenn du weißt, was du nicht willst, stell dir folgende Fragen: Was will ich überhaupt? Was will ich in dieser Situation? Was will ich jetzt für mich und alle anderen Beteiligten erleben bzw. haben?

„Die größte Illusion ist, dass die Menschheit Begrenzungen hat."

Robert A. Monroe

„Alles was wir sind, kommt durch unsere Gedanken"

Buddha

„Die Wahrheit wird dich frei machen, aber zuerst wird sie dich anpissen."

Werner Erhard

„Aller Kummer der Menschen kommt daher, dass man sich der Wirklichkeit nicht genau so stellt, wie sie ist"

Buddha

Ungeliebte Umstände

Wenn du die Umstände, in denen du bist, nicht liebst, dann sendest du damit aus:
„Ich bin, dass ich das was ist, verurteile!"

Und diese „Vibration von Unerfülltheit" ist quasi dein „Dauerauftrag an das Leben", den das Leben nach dem Gesetz der Anziehung getreulich ausführt. Solange du also ablehnst, was du erlebst, kannst du an dieser Stelle nicht weiterkommen.

Was ist ein Glaubenssatz?
Wie entsteht ein Verhaltensmuster?

Ein Glaubenssatz ist ein Gedanke, den Du immer wieder denkst!

So entsteht ein Verhaltensmuster!

Wenn Du einen Gedanken, der mit dem was Du willst übereinstimmt, immer wieder denkst, bis Du es glaubst, dann wird er sich materialisieren.

Dieses gilt für positive wie auch negative Gedanken, Vorstellungen, Ideen etc.

Bei schweren oder chronischen Krankheiten ist es besonders wichtig tief sitzende Verhaltensmuster und Blockaden aufzulösen.
„Als besonders heimtückische Ursache von Geschwüren und Krebs sind Groll, Angst, Ärger und Stress über einen langen Zeitraum hinweg anzusehen. Wenn solche negativen Gefühle nicht völlig ausgeräumt werden, helfen ansonsten wirksame Bemühungen nur wenig."
Dr. Norman W. Walker

Negatives Beispiel: Chronische Kopfschmerzen

Ein Mensch, der seit 15 Jahren unter chronischen Kopfschmerzen litt, kam auf Empfehlung seines Physiotherapeuten in meine Heilerpraxis. Nach einer ca. 45 Minuten dauernden Behandlung waren die Kopfschmerzen verschwunden.

Seit 15 Jahren war diese Person endlich schmerzfrei! Nach zwei Tagen kam dann der Anruf: *„Die Kopfschmerzen sind wieder da!“* Ich schlug eine kostenlose Nachbehandlung vor, denn ich dachte mir, dass ein so lang andauernder Schmerz vielleicht ausgiebiger behandelt werden müsste. Gesagt getan. Nach der zweiten Behandlung waren die Schmerzen wieder verschwunden.

– Allerdings nur für einen Tag – Dann kam es zur zweiten Nachbehandlung. Mir kamen Zweifel, ob meine Behandlungsmethode vollständig war. Gab es da vielleicht ein Verhaltensmuster, einen Glaubenssatz im Zusammenhang mit den chronischen Kopfschmerzen? Daran hatte ich bisher noch nicht gedacht. Somit befragte ich nun die Person, ob sie sich erinnern könnte, wie diese Kopfschmerzen entstanden sind? Da brach es aus ihr hervor:

„Vor 15 Jahren bin ich an der Wirbelsäule operiert worden. Seitdem habe ich diese elenden Kopfschmerzen! Dieser Chirurg, das Schwein, hat mein ganzes Leben versaut!“

Daraufhin sagte ich: *„Wenn Sie diesen Chirurgen heute auf Schmerzensgeld verklagen wollten, dann wäre es doch richtig blöd, wenn die Kopfschmerzen weg wären, oder?“ „Wie meinen Sie das?“ „Na ja, ohne Schaden, d.h. ohne Schmerzen kein Klagegrund“. „Was wollen Sie damit sagen?“ „So, wir haben beide festgestellt, dass Ihre Kopfschmerzen durch meine Behandlung weggegangen sind, nicht wahr?“ „Ja, das stimmt“. „Ich bin sicher, dass ich in der Lage bin Ihre Kopfschmerzen dauerhaft zu beseitigen, dazu benötige ich Ihre Mitarbeit“. „Ja klar, was soll ich machen?“ „Sie müssen in einem Vergebungsprozess, den ich mit Ihnen machen möchte dem Chirurgen verzeihen!“ „Dem Schwein, das mein Leben versaut hat, verzeihen, niemals!“ „Hm“*, sagte ich, *„wir wissen beide dass die Schmerzen weggehen können. Sie haben die Wahl, entweder wollen Sie Recht behalten, dass der Chirurg ihr Leben versaut hat, dann behalten Sie die Kopfschmerzen (als Beweis), oder Sie machen einen Vergebungsprozess und sind die Kopfschmerzen für immer los“. „Dem verzeihe ich nie!“ „Gut, dann kann ich nichts mehr für Sie tun! Sollten Sie Ihre Meinung ändern, rufen Sie an und machen einen neuen Termin“.*

Dieser Kunde verließ wutschnaubend meine Praxis und kam nie wieder. Ihm war es wichtiger Recht zu behalten als seine chronischen Kopfschmerzen loszuwerden. Schade! Sein Verhaltensmuster, sein Glaubenssatz lässt ihn an der Krankheit festhalten.

Der beste Heiler, Arzt / Therapeut kann niemanden gegen seinen Willen heilen!

Positives Beispiel: Krebserkrankung

Zur Auflösung der zugrunde liegenden krankmachenden Verhaltensmuster wurde der von mir entwickelte „Vergebungs- und Energierückgewinnungsprozess" © Copyright Alfred Bloch angewandt.

Eine ca. 40jährige, alleinerziehende Mutter kam Rat suchend nach ihrer Krebsoperation zu mir in die Heilerpraxis. Sie wollte sich keiner Chemotherapie unterziehen, da sie zu viel Negatives über die Nebenwirkungen und die Effektivität der Behandlung gelesen und gehört hatte.
Eine allgemeine energetische Behandlung zur Unterstützung ihres Immunsystems wurde sofort vorgenommen. Dann forderte ich sie auf über ihre Ängste, Ärger, Groll und sonstige dauerhafte Stresssituationen in ihrem Leben nachzudenken. Hier müssten wir auf der Suche nach Verhaltensmustern und Glaubenssätzen ansetzen. Mir war klar, dass ohne Aufdeckung und Beseitigung langanhaltender Verhaltensmuster und Glaubenssätze keine dauerhafte Heilung zu erreichen war.

Bei unserem nächsten Treffen berichtete sie von drei Situationen aus ihrem Leben, die ihr besonders viel Kummer bereiteten und eventuell im Zusammenhang mit ihrer Krankheit zu sehen waren. Umgangssprachlich ging es hierbei um Traumata bzw. Erlebnisse aus der Kindheit, der Ehe und dem Berufsleben. Auf meinen Vorschlag hin wollten wir bei der Auflösung der hier vorliegenden Verhaltensmuster mit dem leichtesten Thema anfangen und das schwerste Thema zuletzt bearbeiten. So kamen wir zu folgender Reihenfolge:

1. **Kindheitserlebnis im Alter von ca. 1 ½ Jahren**
2. **Berufliche Stresssituation**
3. **Scheidung**

Zu 1. Bei dem **Kindheitserlebnis** ging es um „alleingelassen werden". Die Eltern hatten beschlossen, wie es damals oft üblich war, mit dem älteren Bruder gemeinsam Urlaub zu machen und die 1 ½ jährige Tochter in der Obhut der Großmutter zu Hause zu lassen. Trotz der guten Fürsorge der Großmutter fühlte sich das kleine Mädchen von ihren Eltern und ihrem Bruder alleingelassen und durchlebte in den nächsten drei Wochen alle Kinderkrankheiten. Dieses Gefühl verlassen zu werden hatte sich mit diesem Erlebnis tief festgesetzt. *(Hierzu muss man sagen, dass nicht jeder Mensch auf eine ähnliche Situation gleich reagiert)*. Obwohl dieses Erlebnis rein intellektuell von der Frau bereits im Alter von Mitte 20 aufgearbeitet worden war, haben wir dieses Erlebnis nochmals im „Vergebungs- und Energierückgewinnungsprozess" bearbeitet. Denn das Unterbewusstsein hatte das *„Ich werde alleingelassen"* noch nicht aufgegeben.

Zu 2. Berufliche Stresssituation. Hier ist im Wesentlichen folgendes passiert: Eine Kollegin der Frau hat, um für sich selbst bei einer Behörde etwas durchzusetzen, den Namen meiner Kundin, die bei der Behörde ein gutes Standing hatte, benutzt, d.h. sich mit dem Namen meiner Kundin bei der Behörde telefonisch gemeldet, um etwas für sich zu erreichen. Dadurch entstand für alle Beteiligten eine sehr unangenehme Situation, da dieser Namensmissbrauch natürlich aufflog. Meine Kundin hat die Kollegin zur Rede gestellt und eine Entschuldigung eingefordert. Die kam aber nicht. Dieser Vertrauensbruch, der nicht geheilt wurde (fehlende Entschuldigung) belastete das Arbeitsverhältnis. Meine Kundin erklärte daraufhin ihrem Chef die Situation und bat darum, mit dieser Kollegin nicht mehr zusammenzuarbeiten zu müssen. Der Chef meinte daraufhin, dass ihm dann wohl nichts anderes übrig bleiben würde, als die Täterin zu entlassen. In der heutigen Arbeitsmarksituation wüsste meine Kundin wohl, was das für die Frau bedeuten würde. „Ob sie ihr Gewissen damit belasten möchte?" Der Chef hatte nicht den Mut hier Konsequenzen durchzusetzen. Die belastende Zusammenarbeit wurde bis zum Auslaufen des befristeten Arbeitsvertrages der Täterin fortgesetzt. Meiner Kundin wurde gesagt sie solle sich mal nicht so haben, das wäre doch alles nicht so schlimm. Sie fühlte sich von ihrem Chef vollkommen alleingelassen.

Das gleiche Muster *„Ich werde alleingelassen – ich werde im Stich gelassen"* war deutlich erkennbar. Hinzu kamen noch die Gefühle missbraucht zu werden und für alles die Verantwortung zu tragen. Auch hier haben wir zur Auflösung des Verhaltensmusters den *„Vergebungs- und Energierückgewinnungsprozess“* erfolgreich durchgeführt.

Zu 3. Ehescheidung. Die Umstände der Ehescheidung mit ihren langjährigen Auswirkungen auf Mutter und Kinder war der Lebensumstand, der den meisten Kummer, Groll, Sorgen und andere negative Emotionen hervorgebracht hatte. Hier eine kurze Zusammenfassung: Während die Frau mit dem zweiten Kind schwanger war, legte sich der Ehemann eine Freundin zu. Dieser Vertrauensbruch und mangelnde Unterstützung während der Schwangerschaft führte zur Scheidung. Der übliche Stress mit unzureichenden Unterhaltszahlungen, voller Berufstätigkeit und Kindererziehung machte die Situation nicht leichter. Die Ursache für diese Lebenssituation in den äußeren Umständen zu suchen und zu finden ist die für uns Menschen übliche Vorgehensweise. Schuldzuweisungen fallen leicht. Zustimmung von Freunden und Verwandten ist ebenfalls leicht zu finden.
Umso schwieriger war in dieser Lebenssituation die Anwendung des „Vergebungs- und Energierückgewinnungsprozesses“ zur Auflösung des Verhaltensmusters. Schon der erste Teil, dem Ex-Ehemann zu verzeihen war schwierig. Aber dann kam im zweiten Teil unter Tränen und Lachen die Erkenntnis, dass auch in diesem „Lebensdrama“ nur die Szene *„Ich werde alleingelassen“* auf eine neue und besonders dramatische Art und Weise aufgeführt wurde.

Das Lösen der festgefrorenen Emotionen und die zurückgewonnene Energie brachte eine große Erleichterung. Sie konnte den Groll und Hass auf ihren Ex-Ehemann aufgeben und war auf mein Anraten hin sogar in der Lage ihm für die wundervollen Kinder zu danken. Der Ex-Ehemann erhöhte sogar während der Krankheitsphase seine finanzielle Unterstützung um den krankheitsbedingten Verdienstausfall abzumildern. Selbst die Beziehungen der Kinder zum Vater verbesserten sich.

Durch die Auflösung dieses tief sitzenden Verhaltensmusters, eine radikale Ernährungsumstellung und rigoroses Konditionstraining wurden in den folgenden Krebsnachuntersuchungen keine Metastasen festgestellt. Ein Jahr nach der Operation wurde eine vollkommen wieder hergestellte Gesundheit attestiert.

Vergebungsprozess | Energierückgewinnung

Der in diesem und anderen Fällen angewandte *„Vergebungs- und Energierückgewinnungsprozess“* (© Copyright Alfred Bloch) zur Auflösung von Verhaltensmustern läuft folgendermaßen ab:

❶

Entspanne dich und sehe dir deine Lebenssituationen an, in der oder in denen du besonders starke negative Emotionen empfunden hast wie: Angst, Wut, Zorn, Trauer, Eifersucht, dich verloren, einsam, schwach, verlassen, dumm, machtlos etc. gefühlt hast.
Such dir eine dieser Lebenssituationen aus, nämlich die, aus der du die dort gespeicherte Energie zurückgewinnen möchtest.
Rufe dir diese Lebenssituation jetzt in deiner Erinnerung auf.

❷

Trete jetzt in diese Situation hinein.

Erlebe alle damit verbundenen Emotionen jetzt noch einmal in voller Stärke – so stark wie du sie ertragen kannst. Bist du jetzt dazu bereit? Dann nicke mit dem Kopf und sage laut **JA**.
Siehe alle beteiligten Personen so deutlich wie möglich, siehe den Ort, den Platz, den Raum der Handlung. Hör die Stimmen der Beteiligten. Spüre ihre Anwesenheit deutlich. Sind alle da?

Wer tut was? Wer sagt was? Was passiert? Was siehst du?

Erlebe diese Handlungen, erlebe deine Emotionen in voller Stärke. Was kommt hoch, wird sichtbar? Was hörst du? Welche Gefühle sind damit verbunden?
Siehe wie die Handlungen, das Verhalten, die Worte der Beteiligten deine Emotionen und deine Reaktionen hervorbringen. Erlaube den Emotionen in voller Stärke aufzutreten. Spüre in deinen Körper hinein! Wo in deinem Körper nimmst du die Emotionen physisch wahr? Wenn möglich, lege deine Hände auf diese Stelle.

❸

Möchtest du etwas sagen, dass du damals nicht gesagt hast oder nicht sagen konntest.

Solltest du in dieser Situation zu klein oder zu jung sein, um zu sprechen oder zu handeln, oder brauchst du Unterstützung, rufe dein jetziges, erwachsenes Selbst zu Hilfe. Es kann dir zur Seite stehen, dich schützen, in den Arm nehmen, auf den Schoß nehmen, oder dich in irgendeiner anderen Art und Weise schützen und stärken – damit du den beteiligten Personen sagen kannst, was du sagen wolltest. Tu das jetzt!

Erkenne dass diese Personen in dieser Situation so handeln wie sie handeln, weil sie es nicht besser wissen und in dieser Situation auch nicht anders handeln können, weil sie gemäß ihrer Vorstellungen, Muster und Zwängen handeln und nicht in der Lage sind bedingungslose Liebe auszusenden; oder glauben in guter Absicht und liebevoll zu handeln.

Verzeihe ihnen jetzt, dass sie so gehandelt haben, denn sie hatten in dieser Situation keine andere Lösung parat.

- Hast du allen Beteiligten verziehen?
- Fehlt noch jemand?
- Ein unbeteiligter Zuschauer, der nicht zu deinem Schutz eingegriffen hat?

Gut! Wenn du jetzt allen aktiv und passiv Beteiligten verziehen hast, nicke mit dem Kopf und sage laut **JA**.

Wie fühlst du dich?

Gut. Und nun zum nächsten Schritt!

Führe diesen Schritt durch, auch wenn du im Moment nicht alles glauben kannst, was gesagt wird. Tu einfach so, als wenn es die Wahrheit für dich ist. Dieser Prozess funktioniert, auch wenn du ihn nicht verstehst und nicht daran glaubst. Nicht lange zögern – einfach machen!

ENERGIERÜCKGEWINNUNG

4

Stell dir vor, dass du die soeben wieder erlebten Emotionen erleben wolltest – einfach so – weil du es wolltest. Du hast diese Emotionen auf der Ebene deines Bewusstseins, das du bist – auf der Ebene deiner Seele, die du bist, genau diese Emotionen kreiert, weil du sie erleben wolltest.

Diese Kreation (wie jede andere) wird auf der Bewusstseinsebene, auf der Seeleneben, sofort verwirklicht – ohne Zeitverzug.

Allerdings ist das Erleben von Emotionen nur auf der physischen, körperlichen Ebene möglich und bedarf einer Handlung und einer Zeitabfolge.

Stell dir nun vor, du hast das Drehbuch für das Erleben dieser Emotionen geschrieben. Dann hast du dich selbst zum Regisseur ernannt, denn du warst der Einzige, der diese Emotion ganz genau kannte und ganz genau beschreiben konnte und auch den genauen Zeitpunkt kannte, an dem diese Emotionen erlebt werden sollten. Nur du wusstest, was es bedurfte, um diese Emotion zu diesem Zeitpunkt und zu keinem anderen zu erleben. Deshalb hast du als Regisseur die idealen Schauspieler für die verschiedenen Rollen ausgesucht. Die Hauptrolle hast du mit dem am besten hierfür geeigneten Schauspieler besetzt, nämlich dem, der diese Emotion mit Hilfe der anderen Schauspieler erleben und darstellen sollte. Diese Person war dein physisches Ich – nämlich du selbst.

Alle Beteiligten an dieser Lebenssituation haben ihre Rolle genial gespielt. Du als Drehbuchautor, Regisseur und Hauptdarsteller hast die auf deiner Bewusstseinsebene, Seelenebene kreierte Emotion nun auf der physischen Ebene erlebt. Du hattest dein Ursprungsziel erreicht.

Allerdings bist du als der geniale Alleskönner (Autor, Regisseur und Schauspieler, der Gott, die Göttin die du bist) so in deiner Schauspielrolle aufgegangen, dass du vergessen hast, dass das hier alles nicht real ist, sondern nur eine Erfindung deines Bewusstseins ist, eine Herausforderung für deine Weiterentwicklung im Hier und Jetzt.

Erkenne nun diese Lebenssituation als deine Schöpfung, deine Kreation an. Erkenne die Genialität der Rollenbesetzung an. Wer sonst als die Beteiligten, hätten es dir zu diesem Zeitpunkt mit Ihren Handlungen ermöglichen können, diese Emotion in physischer Form zu erleben?

Bist du jetzt bereit diese Situation, dieses emotionale Erlebnis als deine Kreation anzuerkennen? Dann nicke mit dem Kopf und sage laut **JA**.

Falls du diese Situation noch nicht als deine Schöpfung erkennen kannst, sieh dir die auf diese Ursprungsszene folgenden Szenen an, in denen du ähnliche Situationen mit denselben Gefühlsmustern erlebst. Könnte es sein, dass du diese Wiederholungen in deinem Leben erlebst, damit du dich daran erinnerst, dass du die Ursprungsszene, die ursprüngliche Lebenssituation selbst erschaffen hast, um diese Emotion bzw. Emotionen zu erleben. Bist du jetzt bereit diese Situation, dieses emotionale Erlebnis als deine Kreation anzuerkennen? Dann nicke mit dem Kopf und sage laut ***JA****.*

Was für eine großartige Inszenierung!

❺

Bedanke dich nun bei jedem dieser großartigen Schauspieler für ihre geniale Leistung, (indem du sie z. B. umarmst, Beifall klatschst, Blumen überreichst), bedanke dich auf deine dir eigene Art und Weise, die deiner Persönlichkeit entspricht. Tu das jetzt. Wenn du damit fertig bist, nicke mit dem Kopf und sage laut **JA, ich habe mich bedankt.**

❻

Nachdem du das getan hast, erkenne, dass du das Bewusstsein, die Macht und Gegenwart Gottes, die Quelle bist, die diese Lebenssituation erschaffen hat.
Nun sage zu dir selbst – wiederhole in Gedanken – sprich mir nach: „Ich bin die Gegenwart und die Macht Gottes, das Bewusstsein, das dies alles kreiert hat. Dies ist alles auf mein Verlangen für die Entwicklung meiner Persönlichkeit passiert, damit ich die höchstmöglichen Entwicklungschancen für meine Persönlichkeit habe. Dies ist alles nicht real. Dies ist alles eine Kreation meines Bewusstseins. Ich verlange die Energie, die in dieser Kreation gebunden ist zurück. Und zwar jetzt!"

Fühle wie diese freigesetzte Energie nun zu dir zurückfließt – in dich hineinströmt. Dich stärkt. Fühle wie du dadurch mehr und mehr zu dem wirst, der du wirklich bist.

Wie fühlst du dich jetzt?

Wenn du nun soweit bist, dass du diesen Prozess abgeschlossen hast, strecke dich, steh auf und berichte, erzähle oder schreibe auf, was passiert ist.

Zweck dieses Prozesses ist es, wie der Name schon sagt, den Beteiligten zu verzeihen, Verantwortung für die eigene Kreation (Manifestation) zu übernehmen und die darin gebundene Energie zu lösen und zurückzufordern. Durch Auflösen dieses Verhaltensmusters fällt der Zwang weg, dieses Muster in der physischen Realität wiederholt erleben zu müssen.

Wenn wir uns besonders dramatische Lebensumstände von außen ansehen, sehen wir fast immer Täter und Opfer. Aus der Sicht der Manifestation gibt es keine Täter und Opfer, es gibt nur gegenseitige Erfüllungsgehilfen. Auch wenn das die Beteiligten in dem Moment des Handelns wohl kaum so sehen. Jeder erlebt im Zusammenspiel mit den Mitmenschen nur sein eigenes Verhaltensmuster. Die Möglichkeit der Erkenntnis ist immer gegeben.

Im ewigen JETZT haben wir die Möglichkeit die Wirkungen der Vergangenheit aufzulösen und unsere Zukunft bewusst zu gestalten! Eine Manifestation hält von sich aus nicht dauerhaft an – das sieht nur so aus, da deine Bewusstseinshaltung in dieser HINSICHT unverändert bleibt. Alles ist veränderbar.

Hier seien mir einige kurze Bemerkungen zu meinem Manifestationsseminar gestattet. www.blochcoaching.de

In meinem Manifestationsseminar lernst du mit deinem Bewusstsein Raum, Zeit und Materie zu beeinflussen. Du beschreitest neue Wege, du befasst dich mit wissenschaftlichen und spirituellen Erklärungen der Manifestation.

Du nutzt diese neu zugängliche Bewusstseinsebene, um deine Manifestationsfähigkeiten zu festigen. Die Effektivität der Meditationsübungen wird durch auditive Unterstützung gesteigert. Dadurch wird eine Synchronisation der beiden Gehirnhälften erreicht, die zu einer ganzheitlichen Arbeitsweise des Gehirns und damit zu erweitertem Bewusstsein führen. Somit erreichst du tiefe meditative Zustände der Entspannung, kreativen Fluss, Problemlösung, Kontakt mit der höheren Führung, erweiterter Intuition und Weisheit.

Es gilt herauszufinden, welche alten Verhaltensmuster und Prägungen uns hindern selbstbewusst und erfolgreich unser Leben zu führen und die Dinge und Umstände zu manifestieren, die wir wirklich wollen. Diese Verhaltensmuster und Prägungen wurzeln in Gefühlen von Angst, Schuld und Mangel. Deshalb erhält im Seminar das Erlernen von Fähigkeiten, mit denen du Ängste und Gefühle von Schuld und Mangel auflösen kannst besondere Aufmerksamkeit. Diese Gefühle und damit verbundene Glaubenssätze blockieren die Energie, die du benötigst, um Gesundheit, Reichtum und Glück zu kreieren. Du wirst nach Auflösung dieser Gefühle und der mit ihnen verbundenen Glaubensätze tiefgreifende Änderungen deiner inneren Einstellung und Ausrichtung vornehmen und damit dein alltägliches Denken und Handeln grundlegend ändern.

Kernpunkt ist das Erlernen einer besonders effektiven Meditationsmethode, die dich sehr schnell in eine hohe Bewusstseinsebene führt. Auf dieser Bewusstseinsebene baust du mit speziellen Übungen Ängste, Schuld- und Mangelgefühle ab, die deine Manifestationsenergien blockieren.

Du setzt deine im Seminar erworbenen Manifestationsfähigkeiten in Übungen ein und machst somit deine ersten Erfahrungen mit den neu erworbenen Fertigkeiten. Im Laufe des Seminars wirst du durch verschiedene Übungen für dich selbst erleben, dass du physische Materie durch bewusstes Denken beeinflusst hast. Du wirst zur Veranschaulichung deiner eigenen Fähigkeiten Räume entstören, die Grundlagen des geistigen Heilens anwenden, feste Materie beeinflussen, etc.

Diese Übungen, insbesondere die mentale Beeinflussung von Metall, wird dein Denken über deine Manifestationsfähigkeiten grundlegend ändern und dir eine erweiterte Erfahrungswelt eröffnen. Du wirst wissen und erfahren haben, dass du deine physische Realität bewusst manifestieren (erschaffen) kannst! Alle Übungen dienen dazu, dir deine eigenen Fähigkeiten begreifbar zu machen und damit deine Möglich-keiten in Bezug auf die Erschaffung deiner eigenen positiven, physischen Realität. Du lernst wie deine Wünsche wahr werden. Dadurch, dass du deine neuen Fähigkeiten unmittelbar anwendest, beweist du dir selbst, dass deine Manifestationskräfte real sind und sich in der physischen Welt materialisieren. Durch wiederholtes Üben der Manifestationsanwendungen gewinnst du immer mehr Vertrauen in deine neu entwickelten Fähigkeiten.

...denn ein neues Denken ist erforderlich...

Auch du kannst Metall mental beeinflussen, damit es weich wird und sich dann leicht mit der Hand biegen lässt.

...das kann dann so aussehen!

…oder so !

Hier ein Ergebnisbericht einer Seminarteilnehmerin:

Hallo lieber Alfred,

ich muß Dir jetzt unbedingt mal was Schreiben, da sich mein Leben einige Tage nach unserem „Nachtrags Workshop" von einer Sekunde zur anderen um 180 Grad gedreht hat. Natürlich zum Positiven.

Ich kann leider am 21. April nicht zum Treffen kommen, da ich ab Mittwoch und über Ostern in Frankreich bin und meine „noch vorhandene Freizeit nutze". Daher alles per mail.

Ich arbeite ja nun schon seit jetzt 8 Jahren hauptberuflich als Model und Schauspielerin und habe in den letzten Jahren immer mehr gemerkt, dass ich zusätzlich noch etwas anderes beruflich machen möchte. Auch im Hinblick was nach dem Modeln kommt, bzw. ein Job, wo ich auch auf lange Sicht das Modeln immer noch nebenbei machen kann. Aber was sollte das für ein Job sein????? Zeitlich flexibel, nicht örtlich gebunden, da ich ja viel unterwegs bin wegen Modeljobs, guter Verdienst und ein Job der mir wirklich richtig Freude macht, das waren meine Voraussetzungen.

So, nun habe ich überlegt und überlegt, mit Freunden gesprochen, meine bisherigen Referenzen gecheckt (Bankausbildung, einige Jahre Berufsrfahrung, Fachabi Wirtschaft, abgebrochenens BWL Studium, Schauspielausbildung, selbständig als Model) wie kann ich darauf aufbauen? Weil etwas ganz Neues zu beginnen kam mir nicht seriös vor, da man ja für alles eine Ausbildung benötigt und ich mich dafür zu alt gefühlt habe. Ein Studium wäre ja nur Richtung Wirtschaft möglich und das wußte ich, wollte ich gar nicht.

Anfang diesen Jahres kam eine richtige Jobflaute, die ich in der ganzen Zeit so noch nie erlebt hatte und die mich schon sehr aus dem Gleichgewicht gebracht hat, weil ich ja immer noch keinen alternativen Beruf gefunden hatte, den ich dann machen konnte/wollte. Dazu kamen noch Vorwürfe aus der Familie, dass ich doch gar nicht arbeiten wollte und immer nur reden würde, ich suche einen alternativen Beruf. Das war schon hart, weil es nicht stimmte und ich selber schon ganz traurig war, dass mir nichts einfiel.

Im Seminar auf Fokus 12 (Bezeichnung für eine Meditationsübung) habe ich nun ganz fest verankert, dass ich genau weiß, welcher Job zu mir passt und der auch mit meinen Qualifikationen machbar ist und ganz schnell zu mir kommt.

Nach unserem Seminar war ein Geburtstag einer Freundin, wo ich eine andere Freundin traf, die ich schon sehr lange nicht mehr gesehen hatte und genau diese Freundin hatte die Idee. Meine Lösung!

Sie sagte, mit Anfang 30 ist man nicht zu alt für einen Neuanfang. Und ich solle doch unabhängig vom Alter und Qualifikation mal überlegen was ich möchte. Da sah alles schon ganz anders aus und ich fühlte mich viel freier in meiner Überlegung und sagte spontan Psychologie interessiert mich sehr, aber ich habe kein richtiges Abi und da muß man doch ein NC von 1,2 haben und, und, und… Sie meinte nur, hast Du denn schon wirklich alles recherchiert, warst Du schon bei einer Studienberatung usw? Und ich sagte nein, weil ich so überzeugt war, dass es für mich nicht möglich sei.

Tja, was soll ich sagen, seit 4 Tagen bin ich Psychologiestudentin an der Fern Uni Hagen. Seit letztem Jahr gibt es dort die Möglichkeit über eine „Berufliche Qualifikation", die ich erfülle ein Studium zu beginnen. Und ich bin zeitlich und räumlich nicht gebunden, die Studiengebühren sind so gering, dass ich sie locker aufbringen kann und ich kann weiterhin meine

Modeljobs machen und nach dem Studium habe ich zig Berufsmöglickeiten, ob angestellt oder selbständig zu arbeiten.

Diese kleine Geschichte mußte ich Dir unbedingt erzählen und Du kannst sie gerne anderen erzählen oder vorlesen, um auch ihnen Mut zu machen, dass das mit dem Glauben und Blockaden auflösen wirklich funktioniert.

Ich sende Dir sonnige Grüße und wünsche Dir schon mal ganz schöne Osterfeiertage.

Silvia

Na gut, du möchtest noch mehr Detailwissen zum Manifestieren haben.

Es sei dir gegönnt.

Probleme der Wissensvermittlung

Das allgemeine Problem der Wissensvermittlung besteht immer darin, dem „Unwissenden“ in Begriffen seiner Verständnisebene eine höhere Verständnisebene zu vermitteln. Wir alle kennen dieses Problem aus der Schule. Der Mathelehrer, der neben allen Grundrechenarten, den Dreisatz, die Prozentrechnung, die Geometrie, die Differentialrechnung usw. beherrscht, würde jeden Erstklässler mit diesem geballten Wissen nicht nur erschlagen, sondern ihn erst gar nicht erreichen. Also muss der Mathelehrer mit dem kleinen Einmaleins anfangen. Dieses Problem der Wissensvermittlung (wie sage ich es dem Lernenden?) hat jeder, der ein „höheres Wissen“ hat, das er an einen „Unwissenden“ vermitteln möchte. Alle Eltern, Lehrer, Lehrlingsausbilder, Dozenten, Professoren etc. kennen dieses Problem. So geht es besonders denen, die ein „Spezialwissen“ haben – seien es nun die Mystiker, die durch plötzliche Eingebung oder lange Meditation ein höheres Wissen besitzen, oder die Quantenphysiker, die durch langes, schweres Studium Wissen erworben haben. Aus beiden Quellen können wir heute Wissen über die Kraft des Bewusstseins erhalten. Mit welchen Erklärungen, Bildern und Metaphern lässt sich die Kraft des Bewusstseins leicht und verständlich erklären?

Die Erklärungen der Quantenphysiker sind logisch und einleuchtend, aber sehr komplex. Wer von uns „Nichtphysikern“ kann Einsteins Relativitätstheorie so aus dem Handgelenk erklären? Wer kennt das Doppelspaltexperiment, mit dem die Ära der Quantenphysik und Quantenmechanik begann? Welche Bedeutung hat der „erste Beobachter“? Was bringt uns die Erkenntnis, dass die Quantenverschränkung keine Verletzung der Relativitätstheorie bedeutet und eine Übertragung von Informationen mit Überlichtgeschwindigkeit erlaubt? Die Wissenschaftler erkannten, wenn oft auch widerwillig, dass Bewusstsein das Verhalten der Quanten bestimmt. Ich behaupte, dass heutzutage die Quantenphysiker die größten Mystiker sind. Durch ihre wissenschaftliche Methodik erschaffen sie neue Erklärungsmodelle für die Schöpfung.
Dr. Amit Goswami, Professor für Physik an der Universität von Oregon, USA beschreibt die wissenschaftlichen Erklärungen im Vorwort zu Dr. Joe Dispenzas Buch „Schöpfer der Wirklichkeit“ folgendermaßen:

„In der Wissenschaft vollzieht sich z.Zt. ein Paradigmenwechsel. Im alten Paradigma gilt dein Bewusstsein – also das was dich ausmacht – als ein Epiphänomen des Gehirns. Im neuen Paradigma ist dein Bewusstsein die Grundlage deines Seins und dein Gehirn ist das **Epiphänomen****. Aus diesem Paradigmenwechsel ergibt sich, dass dein Bewusstsein der primäre Stoff ist, aus dem die Wirklichkeit besteht, und die Materie (inklusive deines Gehirns und der Objekte, die du beobachtest) existiert in diesem Stoff als Quantenmöglichkeiten. Wenn du etwas beobachtest, wählst du dabei aus allen Möglichkeiten die eine Facette, die sich in deiner Erfahrung realisiert. Physiker nennen diesen Prozess den ‚Zusammenbruch der Quanten-Möglichkeitswelle'."*

Die Erklärungen der Wissenschafts-Mystiker über die Entstehung der physischen Realität passen in die heutige, wissenschaftlich geprägte Zeit, sind aber oft sehr komplex und für den Laien kaum verständlich. Die Nichtwissenschaftlichen-Mystiker der Vergangenheit haben die komplexen Erklärungen der Quantenphysiker über Bewusstsein und Materie und die Entstehung der Realität oft mit dem Begriff Gott und seinen göttlichen Fähigkeiten erklärt.

Die Erkenntnis, dass das Bewusstsein (dein Bewusstsein) die einzige Realität ist, ist vielen Weisen und Mystikern seit Jahrtausenden bekannt gewesen. Das Problem war immer die Wissensvermittlung. Damit meine ich nicht nur die oben beschriebenen Schwierigkeiten des Mathelehrers. Die Kraft und die Macht des Bewusstseins zu vermitteln war nicht nur schwierig, sondern auch extrem gefährlich und gesundheitsschädlich. Viele Wissende landeten auf dem Scheiterhaufen, wurden zu Tode gefoltert oder überlebten nicht die Inquisition. Hexenverbrennungen und sogenannte „Gottesurteile" waren im Mittelalter und auch später noch üblich. (Siehe die **Hexenprozesse von Salem** *[Salem witch trials]* im Jahr 1692 in Amerika). In Frankreich war die Verfolgung und Vernichtung der Albigenser (auch Katharer genannt) im Albigenserkreuzzug von 1209 -1229 in meinen Augen die Ausrottung „Wissender".

Selbst in der heutigen Zeit hat es der Querdenker, der unabhängige Denker, schwer. Denn sein Denken, und oft auch sein Handeln, entspricht nicht der Norm seines sozialen Umfeldes. Er wird oft angefeindet. Stellen wir uns einmal vor, dass ein „Wissender" sein Bewusstsein

*Als **Epiphänomen** bezeichnet man eine Entität, die zwar kausal verursacht wurde, aber selbst keine (signifikante) kausale Wirkung hat.

so trainiert hat, dass er alles – ohne Einschränkung – manifestieren kann, dann ist diese Person gleichzeitig ein Segen für die Menschheit, sowie eine Bedrohung für jeden „Mächtigen“, für jeden Herrscher, denn der „Wissende“ ist nicht beherrschbar! Ein Zustand, den ein Herrscher unbedingt vermeiden muss. Dem Herrscher könnte das zu beherrschende Volk abhandenkommen, wenn dieses Wissen verbreitet wird. Das muss der Herrscher vermeiden. Also gibt es Kreuzzüge, Inquisitionen, Hexenverbrennungen oder in der heutigen Zeit werden modernere Ausdrücke und Methoden für die Ausgrenzung oder Vernichtung „Wissender“ angewandt.

Das Wissen um die Kraft des Bewusstseins wurde deshalb immer in einer verschlüsselten Form weitergegeben. In den Geheimgesellschaften gab es immer einen Kreis in einem Kreis in einem Kreis usw. Nur der innerste Kreis besaß das vollkommende Wissen.

Wenn man bedenkt, dass das Wissen um die Kraft des Bewusstseins in verschlüsselter Form weitergereicht wurde, ist der Gedanke, dass das Wissen des Jesus Christus in verschlüsselter Form weitergereicht wurde nicht so absurd. Neville Goddard bezeichnet die Bibel als das „größte psychologische Werk“ der Menschheit.

In dem folgenden Abschnitt „Die Kraft des Bewusstseins“ nutze ich die Erklärungen Neville Goddards, der seine eigenen Erfahrungen und Erkenntnisse sehr häufig mit Aussagen und Erklärungen der Bibel in Verbindung bringt und auf seine Art auslegt. Diese Erklärungen setzen kein Spezialwissen voraus und sollten somit allgemein verständlich sein.

Auch wenn der Begriff Gott für viele von uns mit Begriffen aus der Religion verbunden ist, versuche beim Lesen des Abschnitts „Die Kraft des Bewusstseins“ das Wort Gott dir auch mit anderen Begriffen wie Höheres Selbst, Schöpfer, Schöpfungskraft, universelle Lebensenergie, universelles Bewusstsein, Quantenbewusstsein etc. zu erklären, damit du dich von religiös gefärbten Denkkonzepten lösen kannst. Denn Gott steht über der Religion. Religion ist von Menschen gemacht worden.

Wenn dich beim Lesen des Buchabschnitts „Die Kraft des Bewusstseins“ die vielen Wiederholungen derselben Aussage allmählich nerven, dann ist das durchaus beabsichtigt. Denn die Wiederholung ist die Mutter der Weisheit! Oder wissenschaftlicher ausgedrückt laufen „Die 4 Stufen des Lernen" nach Alfred Bandura* wie nachfolgend beschrieben folgendermaßen ab.

*http://www.dbfk.de/regionalverbaende/no/about/JuPfli-Tag-2009-Luedke-Kompetenz.pdf

Die 4 Stufen des Lernens

nach Alfred Bandura

1. Unbewusste Inkompetenz:
Diese Stufe entspricht dem Zustand nicht zu wissen, etwas Bestimmtes nicht zu können. Nehmen wir wieder das Beispiel des Radfahrens: Es gab eine Zeit, da kannstest du noch kein Fahrrad und wusstest auch nicht, dass du nicht fahrradfahren kannst.

2. Bewusste Inkompetenz:
In der zweiten Stufe hast du das Fahrradfahren entdeckt und weisst, dass du es nicht kannst. Also fasst du den Entschluss Fahrradfahren zu lernen. Natürlich unter Voraussetzung, weil du Fahrradfahren lernen willst – weil es dich fasziniert. Denn in dieser Stufe bauen wir die Motivation auf etwas Bestimmtes lernen zu wollen.

3. Bewusste Kompetenz:
In dieser Stufe kannst du Fahrradfahren. Es ist sehr gut bei kleinen Kindern zu beobachten. Sobald sie Fahrradfahren gelernt haben, wollen sie permanent fahren. Allerdings müssen sie sich genau auf das Fahrradfahren konzentrieren. Wenn sie etwas tolles sehen, sind sie abgelenkt und haben Probleme weiterzufahren. Diese Stufe des Lernens ist zwar sehr befriedigend, weil man etwas geschafft hat, allerdings sind Fortschritte nur sehr schwer zu erkennen und bedürfen weiterhin viel Übung. Die Pädagogik bezeichnet diesen Aspekt auch als nachhaltiges schulisches Lernen.

4. Unbewusste Kompetenz:
In der vierten Stufe läuft alles automatisch ab. Du kannst Fahrradfahren und nebenbei etwas anderes machen. Diese Fähigkeit ist verinnerlicht – sie ist automatisiert und bedarf keiner bewussten Konzentration mehr. Genauer gesagt: Je besser etwas gelernt wurde, umso weniger Nervenzellen werden benötigt. Es ist wie bei dem Lernen des Einmal-Eins: Nach unzähligen Wiederholungen kommt das Ergebnis zu der Aufgabe:
„Wie viel ist 6 x 6“ wie aus einer Pistole aus unserem Mund geschossen.
Zusätzlich zu den vier Stufen des Lernens gehört ergänzend noch eine weitere:

5. Perfektion:
Perfektion ist ein absoluter Zustand. Es ist weit mehr als unbewusste Kompetenz. Hast du etwas perfektioniert, dann bist du dieses Wissen. Du repräsentierst es und kannst es erweitern und erneuern. Du musst nichts mehr versuchen. Mit der Perfektion kommst du in deinen persönlichen Flow-Zustand. Jeder Mensch strebt nach der Perfektion, allerdings kostet es viel Zeit und Ausdauer und die Voraussetzung der entsprechenden Perfektion als klares Ziel. Wie ein Meister im Kung Fu, der schon im Kindesalter viele Stunden am Tag trainiert, um seine Disziplin voll und ganz zu beherrschen und zu leben. Erst wenn alle vier Stufen des Lernens durchlaufen worden sind, können wir die fünfte Stufe der Perfektion beschreiten.

Die Wiederholungen der gleichen Aussagen mit anderen Worten, Bildern und Geschichten sollen dir helfen, die 4 Stufen des Lernens zu erklimmen. Hast du die 4. Stufe erreicht, hoffe ich, dass du selbständig an der 5. Stufe, der Perfektion arbeitest.

Die Kraft des Bewusstseins

Dieser Teil des Buch offenbart deine grenzenlosen Fähigkeiten, gemessen an denen irdische Kräfte keinerlei Bedeutung haben. Es wird dir zeigen, wer du bist, was deine Bestimmung und dein Schicksal ist.

ICH BIN

Der Ursprung

Die Schöpfung

„Alle Dinge, wenn sie zugelassen werden, werden durch das Licht offenbart, denn alles was offenbart wurde ist Licht.“ Bibelzitat – Epiphanias 5:13

Das „Licht“ ist Bewusstsein. Bewusstsein ist *eins*, das sich in Heerscharen von Formen und Ebenen von Bewusstsein manifestiert. Es gibt Niemanden, der nicht *alles* das ist, denn Bewusstsein, obwohl ausgedrückt in einer unendlichen Serie von Ebenen, ist nicht teilbar. Es gibt keine wirkliche Trennung oder Lücke im Bewusstsein. „ICH BIN“ kann nicht geteilt werden. Ich kann mich als reichen Mann begreifen, oder als armen Mann, oder als Bettler, oder als Dieb, aber das Zentrum meines SEINS bleibt dasselbe, egal welches Konzept ich von mir selbst habe. Im Zentrum der Manifestation gibt es nur ein „ICH BIN“, das sich in endlosen Formen oder Konzepten von sich selbst in **„Ich bin das ich bin“** manifestiert.

„ICH BIN“ ist die Selbstdefinition des Absoluten, das Fundament auf dem alles ruht.
„ICH BIN“ ist die erste Ursache-Substanz.
„ICH BIN“ ist die Selbstdefinition von Gott.
„ICH BIN hat mich dir geschickt.“
„ICH BIN DAS ICH BIN“.
„Sei still und wisse ICH BIN Gott“.

„ICH BIN“ ist ein Gefühl dauerhaften Bewusstseins. Das ganze Zentrum des Bewusstseins ist das Gefühl von **„ICH BIN“**. Ich kann vergessen wer ich bin, wo ich bin, was ich bin, aber ich kann nicht vergessen dass ICH BIN. Die Bewusstheit des Seins bleibt erhalten, egal zu welchem Umfang ich vergessen habe wer, wo, was ich bin.

Der Mensch ist der Gebieter seines eigenen Schicksals

„ICH BIN" ist das welches, inmitten unzähliger Formen, immer dasselbe ist. Diese große Entdeckung der Ursache enthüllt, egal ob gut oder schlecht, der Mensch ist der Gebieter seines eigenen Schicksals, und es ist sein Konzept von sich selbst, das die Welt bestimmt in der er lebt. Mit anderen Worten, wenn du Krankheit erlebst, und die Wahrheit der Ursache kennst, kannst du die Krankheit auf nichts anderes zurückführen als auf eine bestimmte Anordnung der zugrundeliegenden Grundsubstanz, eine Anordnung, die durch dein Konzept *„Ich bin krank"* bestimmt wird. Deshalb wird dir in der Bibel gesagt: *„Lass die Schwachen sagen: ‚Ich bin stark'"*; denn mit dieser Annahme wird die Grundsubstanz – „ICH BIN" – neu angeordnet und muss deshalb das manifestieren, was durch die Neuanordnung behauptet wird. Dieses Prinzip steuert jeden Aspekt deines Lebens, sei es gesellschaftlich, finanziell, intellektuell oder spirituell.

„ICH BIN" ist die Realität an die wir uns wenden müssen, egal was passiert, um eine Erklärung des Phänomens des Lebens zu erhalten. Es ist „ICH BIN", das Konzept von sich selbst, das die Form und Szenerie seiner Existenz bestimmt. Alles beruht auf der Einstellung zu sich selbst; das, was es als nicht wahr über sich selbst behauptet, kann nicht in seiner Welt erwachen. Somit bestimmen deine Konzepte von dir selbst wie *„Ich bin stark"*, *„Ich bin geborgen"*, *„Ich werde geliebt"*, die Welt in der du lebst. Mit anderen Worten, wenn du sagst: *„Ich bin ein Mann, Ich bin ein Vater, Ich bin ein Deutscher"* definierst du nicht verschiedene „ICH BINs", du definierst verschiedene Konzepte oder Ausgestaltungen der einzigen Grundsubstanz, des einen „ICH BIN". Sogar in den Naturerscheinungen würde ein Baum, wenn er sprechen könnte, sagen: *„Ich bin ein Baum, ein Obstbaum, ein Apfelbaum"*.

Wenn du weißt, dass Bewusstsein die eine und einzige Realität ist – die sich selbst begreift als etwas Gutes, Böses oder Indifferentes, und das wird, als welches es sich selbst begriffen hat zu sein – dann bist du frei von der Tyrannei zweiter Ursachen, frei von dem Glauben, dass es Ursachen außerhalb deines eigenen Verstandes gibt, die dein Leben beeinflussen können. In dem Bewusstseinszustand des Individuums

befindet sich die Erklärung des Phänomens des Lebens. Wenn das Konzept des Menschen von sich selbst anders wäre, wäre alles in seiner Welt anders. Da sein Konzept von sich selbst so ist, wie es ist, muss auch seine Welt so sein wie sie ist.
Somit ist es mehr als deutlich klar, dass es nur *ein* ICH BIN gibt, und *du* bist dieses ICH BIN. Und während das ICH BIN *unendlich ist,* offenbarst du, gemäß deinem Konzept von dir selbst, nur einen beschränkten Aspekt des unendlichen „ICH BIN".

Bewusstsein

Nur durch eine Änderung des Bewusstseins, indem du tatsächlich dein Konzept von dir selbst änderst, kannst du immer bessere Leitbilder, Konzepte deines Selbst manifestieren (mit manifestieren ist gemeint, die Resultate dieser Konzepte in deiner physischen Welt zu erfahren). Es ist ganz wesentlich, klar zu verstehen, was Bewusstsein ist.

Der Grund dafür liegt in der Tatsache, *dass das Bewusstsein die eine und einzige Realität ist, es ist die erste und einzige Grund-Substanz der Naturerscheinung des Lebens.* Nichts existiert für den Menschen ohne dass sich sein Bewusstsein der Existenz dessen bewusst ist. Daher musst du dich dem Bewusstsein zuwenden, denn es ist die einzige Grundlage, auf der das Phänomen des Lebens erklärt werden kann.

Dein Bewusstsein ist die einzige Realität

Wenn wir die Idee einer ersten Ursache akzeptieren, würde daraus folgen, dass die Weiterentwicklung dieser Ursache nie etwas hervorbringen könnte, das sich selbst fremd ist. Daraus muss folgen, wenn die erste Grund-Substanz Licht ist, müssen alle seine Weiterentwicklungen, Resultate und Manifestationen weiterhin Licht sein. Da die erste Grund-Substanz Bewusstsein ist, müssen alle seine Weiterentwicklungen, Ergebnisse und Phänomene nach wie vor Bewusstsein sein. All das, was beobachtet werden kann, wäre eine höhere oder niedere Form oder Variante derselben Sache. Mit anderen Worten, wenn dein Bewusstsein die einzige Realität ist, muss es auch der *einzige* Werkstoff sein.

Folglich muss das, was deine Lebenslage, deine Lebensbedingungen und sogar die materiellen Objekte in deinem Leben zu sein scheinen, ein Produkt deines Bewusstseins sein. Die Natur, als ein Ding oder eine Ansammlung von Dingen außerhalb deines Geistes, muss daher abgelehnt werden. Du und deine Lebensumstände können nicht als separat existierend betrachtet werden. Du und deine Welt seid *eins*.

Die Welt bewegt sich mit grundloser Notwendigkeit. Hiermit ist gemeint, dass die Welt an sich kein eigenes Motiv hat, sondern unter dem Zwang steht, deinen Vorstellungen, den Anordnungen deines Verstandes zu folgen und deine Konzepte zu manifestieren. *Dein Verstand ist immer nach dem angeordnet, von dem er glaubt, dass es wahr ist, oder dem er zustimmt, dass es wahr ist.* Der reiche Mann, der arme Mann, der Bettler oder Dieb entspringen nicht einem unterschiedlichen Bewusstsein, sondern sind nur unterschiedliche Auslegungen des einen Bewusstseins. Im gleichen Sinne, wie sich ein Stück magnetisierter Stahl in seiner Substanz nicht von einem entmagnetisierten Stahlstück unterscheidet, sondern sich nur in der Anordnung seiner Moleküle unterscheidet. Ein einziges Elektron in einer bestimmten Umlaufbahn bestimmt den Zustand des Magnetismus. Wenn ein Stahlstück, oder sonst etwas, entmagnetisiert ist, hören die Elektronen nicht auf in einer Umlaufbahn zu kreisen. Magnetismus hat deshalb nicht aufgehört zu existieren. Die Partikel sind nur neu arrangiert worden, sodass kein äußerlich feststellbarer Effekt auftritt. Wenn die Partikel wahllos angeordnet sind, sagt man, dass die Substanz entmagnetisiert ist. Wenn die Partikel hingegen in eine Richtung ausgerichtet sind, ist der Gegenstand ein Magnet. Magnetismus wird nicht erzeugt, er wird dargestellt.

Gesundheit, Reichtum, Schönheit und Genie werden nicht erzeugt, sie werden nur hervorgebracht, durch die Anordnung deines Bewusstseins, d.h. durch dein Konzept von dir selbst. Die Bedeutung dieser Tatsache für dein tägliches Leben sollte dir sofort klar sein.

Die elementare Natur der ersten Ursache ist Bewusstsein.
Schlussendlich ist der Baustein für alle Dinge das **Bewusstsein**.

Die Annahme

Des Menschen größte Täuschung ist seine Überzeugung, *dass es andere Ursachen als seinen Bewusstseinszustand gibt.* **Alles was dem Menschen widerfährt – alles was er tut – geschieht als ein Resultat seines Bewusstseinszustandes.**
Der Bewusstseinszustand eines Menschen ist alles, was er denkt, anstrebt und liebt, alles was er für wahr hält, oder von dem er glaubt, dass es wahr ist. Deshalb ist eine Bewusstseinsänderung unumgänglich, bevor du deine äußere Welt ändern kannst. Regen fällt aufgrund einer Temperaturänderung in den höheren Schichten der Atmosphäre, so ungefähr, so ähnlich ändern sich die Umstände als ein Resultat deiner Bewusstseinsänderung.

„Sei verwandelt durch die Erneuerung deines Geistes"

Neue Gedanken!

Mach aus deinem Zukunftswunsch eine jetzige Tatsache!

Um dich zu verändern, musst du die ganze Basis deiner Gedanken ändern. Aber deine Gedanken können sich ohne *neue Gedanken* nicht ändern, denn du denkst von deinen Ideen aus. Jede Veränderung beginnt mit einem intensiven, brennenden Wunsch, einem Verlangen nach Veränderung. Der erste Schritt zur *Erneuerung des Geistes* beginnt mit dem Verlangen. Du musst anders sein wollen, bevor du anfangen kannst dich zu verändern. *Dann musst du aus deinem Zukunftswunsch eine jetzige Tatsache machen.* Du tust dies, indem du das Gefühl des bereits erfüllten Wunsches annimmst. Wenn du dir wünschst anders zu sein als du jetzt bist, kannst du dir ein Ideal der Person vorstellen, die du sein willst, *und dir vorstellen, dass du diese Person bereits bist.* Wenn du diese Vorstellung so lange in deinem Bewusstsein behältst, bis sie zu deinem dominanten Gefühl wird, ist die Erlangung deines Ziels unvermeidbar.

Das Ziel, das du erreichen möchtest steht immer zur Inkarnation bereit, aber nur wenn du ihm menschliche Herkunft anbietest, ist die Geburt möglich. Deshalb solltest du in deiner Gesinnung, nachdem du den Wunsch nach einem höheren Ideal für dich selbst empfunden hast, danach trachten, die Aufgabe zur Inkarnation dieses höheren Selbst ausschließlich allein zu übernehmen.

Während du dein neues Ideal von dir selbst zur Welt bringst, musst du bedenken, dass die Methoden des verstandesmäßigen und des spirituellen Wissens völlig unterschiedlich sind. Dies ist ein Punkt, der vermutlich nur von einer Person in einer Million richtig verstanden wird. Du kennst ein Ding verstandesgemäß indem du es von außen ansiehst, indem du es mit anderen Dingen vergleichst, es analysierst und definierst; während du etwas spirituell nur kennen kannst, wenn du es wirst. Du musst das Ding selbst sein, und nicht nur davon oder darüber reden oder es ansehen. Für einen wirklichen Wandel musst du bereit sein deine jetzige Persönlichkeit sterben zu lassen, um eine neue Persönlichkeit zu werden.

Die Methoden des verstandesmäßigen und des spirituellen Wissens sind völlig unterschiedlich

Du musst dir der Gesundheit bewusst sein, wenn du wissen willst, was Gesundheit ist. Du musst dir der Geborgenheit bewusst sein, wenn du wissen willst, was Geborgenheit ist. Um ein höheres, neues Ideal von dir zu inkarnieren, musst du annehmen, so tun als ob du bereits dein Ideal bist, das du werden möchtest. Dann lebe getreu in dem Glauben dieser Annahme – obwohl sie noch nicht in der physischen Realität deines Lebens vorhanden ist – im Vertrauen, dass dieses neue Ideal, dieser neue Bewusstseinszustand sich durch deine absolute Treue an die Annahme, dass du der bist, der du sein möchtest, inkarniert. Dies ist, was man unter Ganzheit und Rechtschaffenheit versteht.

Wenn du Abteilungsleiter oder Chef werden willst, musst du dich so verhalten, auch wenn du es noch nicht bist!

Das bedeutet die Unterwerfung des gesamten Selbst unter das Gefühl des erfüllten Wunsches, in der Überzeugung, dass dieser neue Bewusstseinszustand, die Erneuerung des Geistes ist, die Wandlung herbeiführt.

Es gibt in der Natur kein Gebot, das mit dieser freiwilligen Unterwerfung des Selbst unter ein Ideal jenseits des Selbst, irgendwie übereinstimmt. Deshalb ist es der Höhepunkt der Torheit, zu glauben, dass sich ein höheres und besseres Konzept des Selbst durch einen natürlichen Evolutionsprozess inkarniert. Etwas das eines Bewusstseinszustandes bedarf, um Wirkung zu erzeugen, kann offensichtlich ohne solch einen Bewusstseinszustand nichts bewirken. Mit deiner Fähigkeit das Gefühl eines besseren Lebens, eines neuen Konzepts deines Selbst anzunehmen, *besitzt du etwas, das der Rest der Natur nicht besitzt – die Vorstellungskraft – das Instrument, mit dem du deine Welt kreierst.*

Du besitzt den *Schatz der Natur, den der Rest der Natur nicht besitzt – die Vorstellungskraft!*

Deine Vorstellungskraft ist das Instrument, das Mittel, mit dem deine Erlösung von der Sklaverei, Krankheit und Armut bewirkt wird. *Wenn du dich weigerst, die Verantwortung für die Inkarnation eines neuen und höheren Konzepts von dir selbst zu übernehmen, dann verweigerst du das Hilfsmittel, das einzige Hilfsmittel, mit der deine Erlösung – das Erreichen deines Ideals – ermöglicht wird.*

Die Vorstellungskraft ist die einzige erlösende Kraft im ganzen Universum. Allerdings ist die Natur deines Seins so angelegt, dass dir die Wahl überlassen wurde, ob du die jetzige Vorstellung von dir selbst (ein hungriges Wesen, das sich nach Freiheit, Gesundheit und Sicherheit sehnt) aufrechterhalten willst, oder ob du das Instrument deiner eigenen Erlösung werden willst, indem du dir dich als den vorstellst, der du sein möchtest, und dadurch deinen Hunger stillst und dich selbst erlöst.

„Oh, sei nun stark und tapfer,
rein, geduldig und getreu;
Die Arbeit, die die deinige ist,
lass keinen anderen tun.
Denn die Kraft für alles Notwendige
Ist dir vertrauensvoll gegeben
Von der Quelle in dir –
Dem Königreich des Himmels.“

Das Verlangen

Die Veränderungen in deinem Leben, die auf Grund der Veränderung deiner Vorstellung von dir selbst stattfinden, scheinen für den unaufgeklärten Menschen nicht ein Ergebnis deiner Bewusstseinsänderung zu sein, sondern eher durch äußere Umstände, einen Zufall oder durch Fügung zustandezukommen. Das einzige Schicksal, das dein Leben bestimmt ist jedoch das Schicksal, das durch deine eigenen Vorstellungen, deine Annahmen bestimmt wird. Selbst wenn deine Annahmen falsch sind und du sie hartnäckig festhältst, werden sie sich zu Fakten verhärten. Das Ideal, das du suchst und zu erreichen hoffst, lässt sich durch dich nicht realisieren, bis du dir vorgestellt hast, dieses Ideal bereits zu sein. Es gibt für dich kein Entrinnen, es sei denn durch eine radikale psychologische Transformation deines Selbst, nämlich durch die Vorstellung, die Annahme des Gefühls des bereits erfüllten Wunsches. Deshalb sollten Ergebnisse und Erfolge immer der wichtigste Test, für deine Fähigkeiten, deine Vorstellungskraft zielgerichtet einzusetzen, sein.

Welche Vorstellungen hast du von dir?

Alles hängt von deiner inneren Einstellung zu dir selbst ab. Eine Vorstellung von dir selbst, die du als nicht wahr für dich ansiehst, kann durch dich nie und nimmer realisiert werden. Denn nur die Vorstellung von dir selbst, die du als wahr anerkennst, ist die notwendige Voraussetzung zur Realisierung deiner Ziele.

Was ist deine Einstellung zu dir selbst?

Jede Verwandlung, jede Veränderung basiert auf Eingebung, und das funktioniert nur, wenn du dich vollkommen offen diesem Einfluss hingibst. Du musst dich deinem Ideal hingeben, denn die vollständige Hingabe des Selbst ist der Weg zur Vereinigung mit dem Ideal. Du musst das Gefühl des erfüllten Wunsches annehmen, bis deine Annahme die sinnliche Wahrhaftigkeit von Realität angenommen hat. *Du musst dir vorstellen, dass du bereits das erlebst, das du dir wünschst.* Du musst also das Gefühl deines erfüllten Begehrens annehmen, in dir hervorrufen, bis du vollständig von ihm besessen bist, und dieses Gefühl alle anderen Gedanken aus deinem Bewusstsein verdrängt.

Der Mensch, der noch nicht zum bewussten Eintauchen in die Hypothese des bereits erfüllten Wunsches bereit ist, in dem Vertrauen, dass dies der einzige Weg zur Erfüllung seiner Träume ist, ist noch nicht bereit bewusst nach dem Gesetz der Vorstellung zu leben, obwohl es keinen Zweifel gibt, dass er unbewusst nach diesem Gesetz lebt. Aber für dich, der dieses Prinzip annimmt und bereit ist, so zu leben als sei dein Wunsch bereits erfüllt, beginnt das Abenteuer des Lebens. Um eine höhere Ebene des Seins zu erreichen musst du eine höhere Vorstellung von dir selbst annehmen.

Wenn du dich selbst nicht als etwas anderes vorstellst, als du bist, wirst du der bleiben, der du bist. Wenn du nicht glaubst, dass du die Person bist, die du werden willst, dann bleibst du der, der du bist. Durch gewissenhafte und systematische Pflege des Gefühls des erfüllten Wunsches, *wird das Begehren zur Verheißung der eigenen Erfüllung*. Die Annahme, die Vorstellung des Gefühls des bereits erfüllten Wunsches, macht aus dem Zukunftstraum eine sofortige Tatsache.

„Wenn Sie Ihre Glaubenssätze nicht verändern, wird Ihr Leben für immer so sein wie jetzt. Ist das eine gute Nachricht?“

Dr. Robert Anthony

Die Wahrheit die dich frei macht

Das Drama des Lebens ist ein psychologisches Drama, in dem alle Bedingungen, Lebenslagen und Ereignisse deines Lebens durch deine Anschauungen und Vorstellungen entstehen. Da dein Leben durch deine Anschauungen und Vorstellungen bestimmt wird, bist du gezwungen die Tatsache anzuerkennen, dass du entweder Sklave oder Herr deiner Anschauungen und Vorstellungen bist. Der Herr und Meister deiner Anschauungen und Vorstellungen zu werden ist der Schlüssel zu nie erträumter Freiheit, Glück und Zufriedenheit. Du kannst diese Meisterschaft erlangen, indem du absichtlich und bewusst Kontrolle über dein Vorstellungsvermögen ausübst. Du bestimmst deine Vorstellungen (von deinem Leben) folgendermaßen: Mach dir im Geist ein Bild von dem gewünschten Zustand, von der Person, die du sein möchtest. Konzentriere deine Aufmerksamkeit auf das Gefühl, dass du bereits diese Person bist. Stell dir zuerst das gewünschte Ergebnis bildhaft in deinem Geiste vor. Dann lass in dir das Gefühl entstehen, das du haben würdest, wenn du dich selbst in diesem Zustand befinden würdest, so als ob dieser Zustand bereits deine dich umgebende Welt gestaltet hat. Durch deine Vorstellungskraft hat sich nun dein rein mentales Bild in eine scheinbar stabile Realität verwandelt.

Bist du Sklave oder Herr?

Das große Geheimnis ist ein kontrolliertes Vorstellungsvermögen und eine gute, ausdauernde Aufmerksamkeit, die fest und wiederholt auf das zu erreichende Ziel gerichtet wird. Es kann nicht genug betont werden: Indem du ein Ideal in deiner geistigen Sphäre kreierst, und mit der Vorstellung, dass du bereits das Ideal bist, *identifizierst du dich mit ihm und verwandelst dich dadurch selbst in sein Ebenbild*. Dies wurde von den Lehrern der Antike als: *„Unterwerfung unter den Willen Gottes"* bezeichnet oder als *„Ruhen in Gott"* und der einzig wahre Test von *„In Gott ruhen"* ist, dass alle, die in Gott ruhen, werden zwangsläufig in das Erscheinungsbild verwandelt, in dem sie ruhen. Du erhältst nach deinem erklärten Willen, und dein erklärter Wille ist deine Vorstellung von dir selbst und all dem du zustimmst und für wahr erachtest. Indem du das Gefühl des bereits erfüllten Wunsches annimmst und es festhältst, wirst du das gewünschte Resultat erzielen. Wenn du jedoch nicht das Gefühl des bereits erfüllten Wunsches heraufbeschwörst, wirst du nie das gewünschte Ziel erreichen.

Wenn du die erlösende Funktion der Vorstellungskraft begreifst, hältst *du den Schlüssel zur Lösung aller deiner Probleme in der Hand.* Jede Phase deines Lebens entsteht durch deine Vorstellungskraft. Fest entschlossene Vorstellungskraft allein ist das Mittel für deinen Fortschritt, für die Erfüllung deiner Träume. Sie ist der Anfang und das Ende aller schöpferischen Betätigung.

Das große Geheimnis ist eine gesteuerte Vorstellungskraft und eine gute, ausdauernde Aufmerksamkeit, die fest und wiederholt auf das zu erreichende Ziel gerichtet ist, bis dein Verstand damit angefüllt ist, und alle anderen Gedanken aus deinem Bewusstsein verdrängt sind. **Das größte Geschenk, das dir gegeben werden kann, ist das Wissen über die Wahrheit, die dich befreit.** *Die Wahrheit, die dich frei macht, ist, dass du in deiner Vorstellung bereits erfahren kannst, was du in der physischen Realität erfahren möchtest, und wenn du diese Erfahrung in deiner Vorstellung aufrecht erhältst, wird dein Wunsch Wirklichkeit.*

Die einzigen Einschränkungen sind deine unkontrollierten Vorstellungen und dein Mangel an gezielter Aufmerksamkeit auf das Gefühl des erfüllten Wunsches. Wenn die Vorstellungskraft nicht gezielt eingesetzt wird, und die Aufmerksamkeit nicht bleibend auf das Gefühl des erfüllten Wunsches gerichtet ist, werden weder viele Gebete noch Frömmigkeit noch Beschwörungen den gewünschten Effekt erbringen. Wenn du jederzeit in der Lage bist, dir das von dir Gewünschte vorzustellen, und wenn deine mentale Vorstellung deines Wunsches so lebendig ist, wie seine physische Realität, dann bist du der Herr deines Schicksals.

Visionen von Schönheit und Pracht,
Gestalten längst vergangener Geschlechter,
Klänge und Gesichter und Stimmen,
Aus der vierten Dimension des Weltalls,
Und durch das grenzenlose Universum,
Rasen unsere Gedanken wie ein Blitz,
Manche nennen es Vorstellungsvermögen,
und andere nennen es Gott.

Aufmerksamkeit

„Ein Zweifler ist unbeständig auf allen seinen Wegen."

Bibelzitat – Jakobus 1:8

Die Kraft der Aufmerksamkeit ist abhängig von der Enge seines Blickfeldes, das heißt, deine Aufmerksamkeit ist mit nur einer einzigen Idee besessen. Deine Aufmerksamkeit ist durch die Ausrichtung deiner Gedanken, denen du erlaubst sich nur auf eine Sache zu konzentrieren, dauerhaft und stark fokussiert. Damit festigst du die Aufmerksamkeit und stärkst ihre Kraft indem du sie fokussierst. *Der Wunsch, der sich selbst verwirklicht, ist immer der Wunsch, auf den die Aufmerksamkeit ausschließlich konzentriert ist.* Eine Idee ist immer nur im Verhältnis der auf sie gerichteten Aufmerksamkeit mit Macht ausgestattet. Konzentrierte Beobachtung ist die aufmerksame innere Haltung, die auf ein bestimmtes Ergebnis gerichtet ist. Die aufmerksame innere Haltung setzt eine Auswahl voraus, denn wenn du deine Aufmerksamkeit auf etwas richtest, bedeutet das, dass du dich entschlossen hast, deine Aufmerksamkeit auf ein Ding oder einen Zustand zu richten und nicht auf einen anderen.

Konzentrierte Aufmerksamkeit verwirklicht den Wunsch

Daher musst du, wenn du weißt was du willst, deine Aufmerksamkeit absichtlich auf das Gefühl des erfüllten Wunsches richten, bis dieses Gefühl deinen Geist vollkommen erfüllt und alle anderen Gedanken aus deinem Bewusstsein verdrängt.

Die Energie deiner Aufmerksamkeit ist der Maßstab deiner inneren Kraft. Konzentrierte Beobachtung einer Sache schließt alle anderen Dinge aus und lässt sie verschwinden. Das große Erfolgsgeheimnis ist die konzentrierte Aufmerksamkeit auf das Gefühl des erfüllten Wunsches ohne eine Ablenkung zuzulassen. Jeder Erfolg hängt von der Steigerung der Aufmerksamkeit ab. Die Ideen, die dich zum Handeln antreiben, sind diejenigen, die dein Bewusstsein dominieren, die deine Aufmerksamkeit haben.

Konzentrierte Aufmerksamkeit ohne Ablenkung

„Diese eine Sache, die ich mache,
alles vergessend, was hinter mir liegt,
strebe ich zum Ziel"

Hiermit bist du gemeint, diese eine Sache, die du machen kannst, „alles vergessen, was hinter dir liegt". So strebst du das Ziel an, deinen Verstand mit dem Gefühl des erfüllten Wunsches zu füllen.
Für den unaufgeklärten Menschen scheint dies alles nur Fantasie zu sein, *und doch kommt aller Fortschritt nur von denen, die nicht die akzeptierte Meinung vertreten und auch die Welt nicht so akzeptieren wie sie ist.* Wie schon gesagt, wenn du dir alles vorstellen kannst, was du dir wünschst und wenn die Figuren und Geschehnisse in deinen Gedanken genau so lebendig wie sie in der Natur sind, bist du aufgrund der Wirksamkeit deiner Vorstellungskraft Herr deines Schicksals.
Deine Vorstellung bist du selbst, und die Welt, wie du sie in deiner Vorstellung siehst, ist die reale Welt.

ÜBUNG zur Kontrolle deiner Aufmerksamkeit!

Um eine bessere Kontrolle über deine Aufmerksamkeit zu erlangen, führe folgende Übung durch. Nacht für Nacht, gerade noch bevor du einschläfst, bemühe dich deine Aufmerksamkeit auf die Ereignisse des Tages in *umgekehrter Reihenfolge* zu lenken. Konzentriere deine Aufmerksamkeit auf die letzte Sache, die du gemacht hast, *nämlich ins Bett gehen,* dann geh rückwärts und lenke deine Aufmerksamkeit auf die Geschehnisse des Tages, bis du zum ersten Ereignis des Tages kommst, dem Aufstehen. Dies ist keine einfache Übung, aber wie spezifische Übungen spezifische Muskeln stärken, wird dir diese Übung sehr helfen den „Muskel" deiner Aufmerksamkeit zu stärken. Deine Aufmerksamkeit muss entwickelt, kontrolliert und konzentriert werden, um deine Vorstellung von dir selbst erfolgreich zu ändern, und somit deine Zukunft zu ändern. Vorstellungskraft kann alles erreichen, *aber nur gemäß der inneren Richtung deiner Aufmerksamkeit.* Wenn du Nacht für Nacht nicht locker lässt, wirst du früher oder später in dir ein Kraftzentrum erwecken, und dir deines größeren Selbst bewusst werden, deinem wirklichen Selbst. Aufmerksamkeit entwickelt sich durch wiederholtes Üben oder Gewohnheit. Durch Gewohnheit wird eine Übung leichter und im Laufe der Zeit entwickelt sich eine Fähigkeit, die zu höherem Nutzen eingesetzt werden kann.

Vorstellungskraft kann alles erreichen, aber nur gemäß der inneren Richtung deiner Aufmerksamkeit

Wenn du die Kontrolle über die innere Richtung deiner Aufmerksamkeit erlangt hast, wirst du nicht mehr im flachen Wasser verweilen, sondern in die Tiefe des Lebens in See stechen. Du wirst in der Annahme des bereits erfüllten Wunsches auf einem Fundament stehen, das sogar fester ist als die Erde selbst.

Innere Einstellung

Die Experimente der Quantenphysik haben bewiesen, dass das was du siehst nicht so sehr von dem abhängig ist, was da ist, sondern von dem bestimmt wird, was du zu sehen erwartest (Doppelspaltexperiment). Da das was wir als die „reale“ Welt betrachten, in Wirklichkeit nur eine „angenommene“ Welt ist, ist es nicht überraschend, dass diese Experimente beweisen, dass das was als solide Realität zu sein scheint nur ein Ergebnis von „Erwartungen“ und „Annahmen“ ist. Deine Annahmen bestimmen nicht nur was du siehst, sondern auch was du tust, denn sie bestimmen alle deine bewussten und unbewussten Bewegungen hin zur ihrer Selbsterfüllung. Vor über einem Jahrhundert wurde diese Wahrheit durch Ralph Waldo Emerson (amerikanischer Philosoph) wie folgt dargestellt:

„Als die Welt formbar und flüssig war in den Händen Gottes, so ist es immer noch mit all ihren Eigenschaften, die wir ihr geben. Für Ignoranz und Sünde ist es ein Staubkorn. Sie passen sich den Bedingungen an, aber in dem Umfang in dem der Mensch etwas Weises in sich hat, wird das Firmament für ihn flüssig und nimmt seinen Aufdruck und seine Form an.“

Deine Annahme ist die Hand Gottes, die das Firmament in die Form deiner Annahme gießt. Die Hypothese, dass dein Wunsch bereits erfüllt ist, ist die Flutwelle, die dich leicht von der Sandbank deiner Sinne hebt, wo du so lange gestrandet lagst. Sie hebt den Verstand in die Prophezeiung, im richtigen Sinne des Wortes; und wenn du die kon-trollierte Vorstellungskraft und die vertiefte Aufmerksamkeit hast, die sicherlich erreichbar ist, kannst du sicher sein, das alles was deine Annahme beinhaltet, geschehen wird.

Als William Blake schrieb, *„Was zu sein scheint, existiert, für jene, für die es zu sein scheint“* – bestätigte er nur die ewige Wahrheit.

„Es gibt nichts, das in sich selbst unrein ist, aber für denjenigen, der etwas als unrein betrachtet, für den ist es unrein.“

Bibelzitat – Römer 14:14

Wie denkst du über deine Mitmenschen? Deine Familie, Kollegen, Vorgesetzte, Freunde, Nachbarn etc?

Da es nichts gibt, das in sich selbst unrein ist (oder in sich selbst rein ist), solltest du immer das Beste annehmen und nur an das denken, was wunderbar ist und Positives darstellt. Es ist keine höhere Erkenntnis sondern Ignoranz des Gesetzes der Annahme, wenn du in der Großartigkeit der Menschheit einige Fehler siehst, die dir bekannt vorkommen – oder in einige Situationen oder Umstände negative Überzeugungen hineininterpretierst. *Deine besondere Beziehung zu einer anderen Person beeinflusst deine Annahme in Hinsicht auf diese Person, und veranlasst dich in ihr den zu sehen, den du siehst.* Wenn du deine Meinung über eine andere Person ändern kannst, dann kann deine jetzige Meinung über sie nicht absolut, sondern nur *relativ* wahr sein. Die folgende wahre Geschichte zeigt auf, wie das Gesetz der Annahme tatsächlich funktioniert.

Eines Tages kam eine Kostümdesignerin zu mir und beschrieb mir die Schwierigkeiten, die sie in ihrer Zusammenarbeit mit einem bekannten Theaterproduzenten hatte. Sie war überzeugt, dass er sie ungerechtfertigt kritisierte und ihre besten Arbeiten zurückwies und oft bewusst unhöflich und unfair zu ihr war. Nachdem ich ihre Geschichte gehört hatte, erklärte ich ihr, dass, wenn jemand ihr gegenüber unhöflich und unfair ist, es ein sicheres Zeichen dafür ist, dass sie selbst streitsüchtig ist und es wäre nicht der Produzent, sondern sie selbst, die eine neue Haltung braucht. Und ich sagte ihr, dass das Gesetz der Annahme und seine praktische Anwendung nur durch Erfahrung entdeckt werden könnte, und sie nur durch die Annahme, dass die Situation bereits so sei wie sie sie haben wollte, könnte sie beweisen, dass sie die gewünschte Änderung herbeiführen kann. Ihr Arbeitgeber bekundete durch sein Benehmen nur was ihr Konzept, ihre Vorstellung von ihm war. Ich sagte ihr, dass es sehr wahrscheinlich so sei, dass sie in ihren Gedanken eine Unterhaltung mit dem Produzenten führte, die angefüllt war mit Beschuldigungen und Kritik. Es gab keinen Zweifel, dass sie sich in ihren Gedanken mit dem Produzenten stritt, denn andere spiegeln uns nur zurück, was wir ihnen im Geheimen zuflüstern. Ich fragte sie, ob es denn wahr ist, dass sie in Gedanken mit den Produzenten Gespräche führt, und wollte wissen, was der Inhalt dieser mentalen Unterhaltung ist. Sie gab zu, dass sie jeden Morgen auf dem Weg ins Theater, dem Produzenten in Gedanken sagte was sie von ihm hielt. In Worten, die sie sich nie trauen würde ihm ins Gesicht zu sagen. Die Intensität und die Kraft ihrer mentalen Auseinandersetzung mit ihm, verursachte automatisch sein Verhalten ihr gegenüber. Ihr wurde klar, dass wir alle mentale Unterhaltungen führen, aber unglücklicherweise sind diese mentalen Unterhaltungen meistens Streitgespräche ... wir müssen nur einmal unsere Mitmenschen auf der Straße beobachten, ... um die Behauptung bestätigt zu sehen, dass die meisten Menschen in mentalen Unterhaltungen versunken sind; und wenige scheinen dabei glücklich zu sein. Die Intensität ihrer Gefühle muss sie unweigerlich schnell zu dem unfreundlichen Zwischenfall hinführen, den sie selbst mental kreiert haben und nun erleben müssen. Als die Designerin erkannte, was sie getan hatte, stimmte sie zu, ihre Einstellung zu ändern und diesem Gesetz treu zu folgen indem sie annahm, dass ihre Arbeit höchst befriedigend ist und ihre Beziehung zum Produzenten eine sehr glückliche ist. Um diese Einstellungsänderung umzusetzen stimmte sie zu, jeden Abend vor dem Einschlafen, auf dem Weg zur Arbeit und mehrmals während des Tages, sich vorzustellen, dass der Produzent ihr zu ihren großartigen Entwürfen gratuliert, und dass sie im Gegenzug dem Produzenten für sein Lob und seine Freundlichkeit dankt. Zu ihrer großen Freude entdeckt sie bald, dass ihre eigene Einstellung die Ursache für alle Unannehmlichkeiten war, die sie erlebt hatte.

Das Verhalten ihres Arbeitgebers kehrte sich auf wundervolle Weise um. Seine Haltung spiegelte nun, wie auch sonst immer, ihre jetzt geänderte Vorstellung von ihm wieder.
Was sie erreichte, geschah durch die Macht ihrer Vorstellungskraft. Ihre andauernde Annahme beeinflusste sein Benehmen und bestimmte sein Verhalten ihr gegenüber.

> Mit dem Reisepass ihres Verlangens und den Flügeln ihrer kontrollierten Vorstellungskraft reiste sie in die Zukunft ihrer eigenen vorausbestimmten Erfahrung.

So erkennen wir, dass nicht die Fakten, sondern das, was wir in unserer Vorstellung, unserer Imagination kreieren unser Leben gestaltet. Die meisten der täglichen Konflikte entstehen aus einem Mangel an Vorstellungskraft, die uns den Splitter in unserem Auge nicht erkennen lässt. Es sind die Engstirnigen, die in einer fiktiven Welt leben. Wie diese Designerin durch ihre kontrollierte Vorstellung, eine allmähliche Veränderung in den Gedanken ihres Arbeitgebers verursachte, genauso können wir durch unsere gesteuerte Vorstellungskraft und -weise eingesetzte Gefühle unsere Probleme lösen.

Durch die Intensität ihrer Vorstellungskraft und ihrer Gefühle hat die Designerin eine Art von Zauber bewirkt und den Arbeitgeber veranlasst zu glauben, dass sein großzügiges Lob seine eigene Idee war. Oft werden unsere originellsten und sorgfältig erarbeiteten Ideen durch andere bestimmt.

Ablehnung

Es gibt einen großen Unterschied zwischen der Ablehnung von Übel oder dem Widerstand. Wenn du dich gegen das Übel wehrst, gibst du ihm deine Aufmerksamkeit, damit verleihst du ihm weiterhin Realität. Wenn du das Übel ablehnst, entziehst du ihm deine Aufmerksamkeit und lenkst deine Aufmerksamkeit auf das, das du haben willst. Jetzt ist der Moment deine Vorstellungskraft zu steuern und:

What you resist exists!

> *„Gib Schönheit für Asche, Freude für Trauer, Lobeshymnen für ein schweres Gemüt, sodass sie Bäume der Rechtschaffenheit genannt werden können, die Pflanzen des Herrn, die ihn verherrlichen"*
>
> Bibelzitat – Jesaja 61:3

Du gibst Schönheit für Asche, wenn du deine Aufmerksamkeit auf die Dinge so richtest, wie du sie haben möchtest, und nicht so wie sie sind. Du gibst Freude für Trauer, wenn du deine fröhliche Haltung beibehältst, egal wie ungünstig die Umstände sind. Du gibst Lobeshymnen für ein schweres Gemüt, wenn du deine zuversichtliche Einstellung behältst, anstatt dich der Mutlosigkeit hinzugeben. In diesem Zitat benutzt die Bibel das Wort Baum als ein Synonym für Mensch. Du wirst zu einem Baum der Rechtschaffenheit, wenn diese mentalen Einstellungen deine ständige Geisteshaltung sind. Du bist eine Pflanze des Herrn, wenn alle deine Gedanken rechtmäßig sind. Er ist das „ICH BIN", wie im ersten Kapitel beschrieben. „ICH BIN" wird verherrlicht, wenn sich dein höchstes Konzept von dir selbst manifestiert.

Die meisten Menschen wissen immer genau was sie nicht wollen – aber selten was sie wollen!

Wenn du herausgefunden hast, dass deine kontrollierte Vorstellungskraft dein Heiland, dein Retter ist, wird sich deine Einstellung komplett ändern ohne religiöse Gefühle zu schmälern und du wirst zu deiner beherrschten Vorstellungskraft sagen: „Betrachte diesen Rebstock. Ich fand ihn als wild wachsenden Baum, dessen üppige Stärke sich im ungezügelten Wuchs vieler kleiner Zweige zeigte. Aber ich beschnitt die Pflanze und sein Wachstum nutzloser Zweige und Blätter wurde eingeschränkt. Nun siehst du die makellosen Trauben, die die Hand belohnt, die den Rebstock so weise verwundete."

Mit dem Rebstock ist deine Vorstellungskraft gemeint, die in ihrem unkontrollierten Zustand ihre Energie in nutzlosen und zerstörerischen Gedanken und Gefühlen verschwendet. Aber du musst, genau wie der Rebstock beschnitten wird indem seine nutzlosen Zweige und Wurzeln entfernt werden, deine Vorstellungskraft beschneiden (zügeln), indem du deine Aufmerksamkeit allen unschönen und zerstörerischen Gedanken entziehst und deine Aufmerksamkeit auf das Ideal lenkst, das du erreichen möchtest. Das glücklichere und prächtigere Leben, das du erfahren wirst, ist ein Resultat der weisen Beschneidung deiner eigenen Vorstellungskraft. Ja, alle deine unschönen Gedanken und Gefühle sollten zurückgeschnitten sein, damit du sagen kannst: „Denke wahr, und deine Gedanken stillen die Hungersnot der Welt; spreche die Wahrheit, und jedes deiner Worte wird ein fruchtbringender Samen sein; Lebe wahrheitsgemäß und dein Leben wird ein großartiges und nobles Glaubensbekenntnis sein."

Bereite deinen Platz

„Alles was meins ist, ist deins, und deins ist meins"

Bibelzitat – Johannes 17:10

„Schwing die Sichel und ernte, denn die Zeit der Ernte ist für dich gekommen; denn die Ernte der Erde ist reif"

Bibelzitat – Offenbarung 14:15

Alles ist deins. Geh nicht suchen nach dem was du bist. Eigne es dir an, fordere es ein, nimm es an. Alles hängt von deinem Konzept ab, von dir selbst. Alles, was du nicht als Wahrheit über dich selbst annehmen kannst, kannst du nie für dich realisieren. Das Versprechen ist:

„Wer hat, dem soll gegeben werden, und er soll mehr Fülle haben; aber wer nicht hat, von dem soll auch das genommen werden, das er scheinbar hat."

Bibelzitat – Matthäus 13:12

Halte in deiner Vorstellung alles fest, was schön und gut ist, denn das Schöne und Gute sind wichtig in deinem Leben, wenn es erstrebenswert sein soll. Nimm es an. Du tust dies, indem du dir vorstellst, dass du bereits der bist, der du sein möchtest – und bereits das besitzt was du haben möchtest.

„Wie der Mensch in seinem Herzen denkt, so ist er."

Sei still und wisse, dass du der bist, der du zu sein wünscht, und du wirst nie danach suchen müssen.
Der Mensch glaubt, dass die Zukunft eine natürliche Entwicklung der Vergangenheit ist. Aber das Gesetz der Annahme zeigt eindeutig, dass das nicht so ist. Deine Annahme platziert dich psychologisch dort, wo du körperlich nicht bist. Dann ziehen dich deine Sinne von deinem psychologischen Standort zurück zu deinem körperlichen Standort. *Es ist diese psychologische Vorwärtsbewegung, die deine körperliche Vorwärtsbewegung in der Zeit verursacht.* Vorahnungen durchdringen alle „heiligen Schriften" der Welt.

„Im Hause meines Vaters gibt es viele Wohnungen, wenn es nicht so wäre, hätte ich es dir gesagt. Ich gehe und bereite einen Platz für dich. Und wenn ich gehe und dir einen Platz bereite, werde ich wiederkommen und dich bei mir selbst in Empfang nehmen, dort wo ich bin,
sollst auch du sein.... Und habe es ich dir gesagt, bevor es geschah; damit du es glaubst, wenn es geschieht."

Bibelzitat – Johannes 14:2

Das „ich" in diesem Bibelzitat ist dein Vorstellungsvermögen, das in die Zukunft geht, in eine der vielen Wohnungen. Die Wohnung ist der erwünschte Zustand ... von einem Zustand zu erzählen, bevor er körperlich, materiell eintritt, ist einfach nur das Hineinfühlen in den gewünschten Zustand bis dieses Gefühl den Farbton der Realität hat. Du gehst und bereitest einen Platz für dich selbst, indem du dir selbst das Gefühl einbildest, das du haben würdest, wenn dein Wunsch bereits erfüllt wäre. Dann eilst du von dem Standort des bereits erfüllten Wunsches – dort wo du körperlich nicht warst – zurück zu deinem körperlichen Standort, wo du vor einem Augenblick noch warst. Dann, mit einer unwiderstehlichen Vorwärtsbewegung, bewegst du dich vorwärts, entlang einer Reihe von Vorkommnissen hin zur Realisierung deines Wunsches, dorthin wo du bereits in deiner Vorstellung warst, wirst du auch in Fleisch und Blut sein.

„Das tiefste Geheimnis ist, dass das Leben nicht ein Entdeckungsprozess, sondern ein Schöpfungsprozess ist. Du entdeckst dich nicht selbst, sondern du erschaffst dich neu. Trachte deshalb nicht danach herauszufinden wer-du-bist, sondern trachte danach zu entscheiden wer-du-sein möchtest."

(aus N.D. Walsch – Gespräche mit Gott)

Die Schöpfung

Die Schöpfung ist abgeschlossen, beendet. Schöpferische Kraft ist nur eine größere Aufnahmebereitschaft; denn der gesamte Inhalt aller Zeit und Raum, obwohl in einer Zeitsequenz erfahren, existiert tatsächlich in einem unendlichen, ewigen Jetzt. Mit anderen Worten, alles das du je warst und je sein wirst – in der Tat, alles was die Menschheit je war oder je sein wird, existiert *jetzt*. Das ist es, was unter Schöpfung zu verstehen ist, und die Aussage, dass die Schöpfung abgeschlossen ist, bedeutet, dass nichts mehr kreiert wird, es wird nur noch manifestiert. *Das was als Kreativität bezeichnet wird, bedeutet nur, sich dessen bewusst zu werden, was bereits ist.* Du wirst dir einfach nur immer größer werdenden Teilbereichen dessen bewusst, das bereits existiert. Die Tatsache, dass du nie etwas sein kannst, das du nicht schon bist, oder etwas erfahren kannst, was noch nicht existiert, erklärt die Erfahrung eines akuten Gefühls etwas schon mal gehört zu haben, bevor es gesagt wird, oder einer Person begegnet zu sein bevor du ihr zum ersten Mal begegnest; oder einen Platz oder einen Gegenstand gesehen zu haben bevor du ihn zum ersten Mal siehst.

Die gesamte Schöpfung existiert in dir und es ist deine Bestimmung sich mehr und mehr ihrer unendlichen Wunder bewusst zu werden und immer größere und größere Teile davon zu erleben.

Wenn die Schöpfung bereits abgeschlossen ist, und alle Ereignisse jetzt stattfinden, ist die Frage, die sich einem natürlich aufdrängt „was bestimmt deine Zeitschiene?" Das heißt, was bestimmt die Ereignisse, denen du begegnest? Und die Antwort ist: *Dein Konzept, deine Vorstellung von dir selbst.* Konzepte, Vorstellungen bestimmen die Richtung, der die Aufmerksamkeit folgt. Hier ist ein guter Test, um diese Tatsache zu beweisen. Nimm das Gefühl deines erfüllten Wunsches an und beobachte, welche Richtung deine Aufmerksamkeit einschlägt. Du wirst beobachten, dass solange du deiner Annahme treu bleibst deine Aufmerksamkeit mit Bildern und Eindrücken beschäftigt sein wird, die einen eindeutigen Bezug zu dieser Wunschvorstellung haben. Zum Beispiel, wenn du annimmst, ein erfolgreiches Geschäft zu betreiben, dann wirst du feststellen, dass in deiner Vorstellung deine

Aufmerksamkeit auf ein Geschehnis nach dem anderen konzentriert ist, die mit dieser Vorstellung eines erfolgreichen Geschäfts zusammenhängen. Freunde gratulieren dir und sagen dir wie viel Glück du hast. Andere sind neidisch und kritisch. Von dort wird deine Aufmerksamkeit zu größeren Geschäftsräumen, größeren Bankkonten und vielen ähnlichen, anderen verbundenen Vorkommnissen gehen. Das andauernde Verharren in dieser Vorstellung wird letztendlich in der Erfahrung des real erfüllten Wunsches enden.

Gleiches gilt für jedes Konzept. Wenn dein Konzept von dir selbst das eines Versagers ist, wirst du in deiner Fantasie eine ganze Reihe von Vorfällen erleben, die mit diesem Konzept von dir übereinstimmen.

Somit ist klar zu erkennen, dass du, bedingt durch dein Konzept von dir selbst bestimmst, welchen momentanen, das heißt, welchen bestimmten Teil der Schöpfung du jetzt erfährst, und welchen zukünftigen, spezifischen Teil der Schöpfung du erfahren wirst.

Behinderung

Wer oder was willst du sein, tun oder haben?

Du hast die freie Entscheidung / Wahl, welches Konzept von dir selbst du akzeptieren willst. Deshalb besitzt du die Macht der Einflussnahme, die Macht, die dich befähigt den Pfad deiner Zukunft zu ändern. Der Prozess von deinem jetzigen Konzept deiner selbst zu einem höheren Konzept von dir selbst aufzusteigen ist das Mittel für allen wahren Fortschritt. Das höhere Konzept wartet auf dich, damit es durch dich in der Welt der Erfahrung inkarniert werden kann.

„Nun, dem, DER fähig ist, gewaltige Hülle und Fülle über das hinaus, das wir uns wünschen oder denken können, gemäß der Kraft, die in uns wirkt, zu erschaffen, dem sei Ruhm und Ehre."

Bibelzitat – Epiphanias 3:20

DER, der in der Lage ist, mehr zu tun als du dir wünschen oder denken kannst, *ist deine Vorstellungskraft,* und die Kraft die in uns wirkt *ist deine Aufmerksamkeit.* Da du nun weißt, dass die Vorstellungskraft ER ist, der all das machen kann, was du dir wünschst, und die Aufmerksamkeit die Kraft ist, mit der du deine Welt kreierst, kannst du nun deine ideale Welt gestalten. Stell dir vor, dass du das Ideal deiner Träume und Wünsche bist. Bleibe mit deiner ganzen Aufmerksamkeit in diesem vorgestellten Zustand und so schnell wie du vollkommen fühlst, dieses Ideal bereits zu sein; wird es sich als Realität in deiner Welt manifestieren.

„Er war in der Welt, und die Welt wurde von ihm gemacht, und doch kannte die Welt ihn nicht."

„Das Mysterium, seit Ewigkeiten versteckt, ist der Christus in dir, die Hoffnung der Herrlichkeit."

Der „ER" in diesem ersten Zitat ist deine Vorstellungskraft. Wie im Vorfeld bereits erklärt, gibt es nur eine Substanz. Diese Substanz ist Bewusstsein. Es ist deine Vorstellungskraft, die diese Substanz in Konzepten ausgestaltet, diese Konzepte werden dann als Bedingungen, Umstände und physische Gegenstände manifestiert. *Somit hat die Vorstellungskraft deine Welt gemacht.* Dieser höchsten Wahrheit ist sich die Menschheit, mit wenigen Ausnahmen, nicht bewusst.

Das Mysterium, der Christus in dir, im zweiten Zitat, bezieht sich ebenfalls auf deine Vorstellungskraft, mit der du deine Welt gestaltest. Die Hoffnung der Herrlichkeit ist deine Erkenntnis deiner Fähigkeit ständig zu höheren Ebenen aufzusteigen.

Den Christus kannst du nicht in der Historie oder in externen Formen finden. Du findest den Christus nur, wenn du dir darüber klar wirst, dass deine Vorstellungskraft die einzig erlösende Kraft ist. Wenn dies bekannt wird, werden „die Türme der Glaubenslehre die Trompeten der Wahrheit hören, und wie die Mauern von Jericho zu Staub verfallen".

Subjektive Kontrolle

Deine Vorstellungskraft kann alles machen, was du dir wünschst, *im Verhältnis zum Grad deiner Aufmerksamkeit.* Aller Fortschritt, die Erfüllung aller Wünsche, ist abhängig von der Kontrolle und Konzentration deiner Aufmerksamkeit. Aufmerksamkeit kann von äußeren Dingen angezogen werden, oder von Innen gelenkt werden. Aufmerksamkeit wird von außen angezogen, wenn du dich bewusst mit externen Eindrücken der unmittelbaren Gegenwart beschäftigst. Diese Zeilen dieser Seite ziehen deine Aufmerksamkeit von außen an. Deine Aufmerksamkeit wird von innen gesteuert, wenn du ganz bewusst wählst, womit du dich mental beschäftigst. Es ist offensichtlich, das in der objektiven / realen Welt deine Aufmerksamkeit nicht nur von äußeren Eindrücken angezogen wird, sondern dorthin gesteuert wird. Aber deine Kontrolle im subjektiven Zustand ist fast nicht vorhanden, denn in diesem Zustand ist die Aufmerksamkeit gewöhnlich der Diener und nicht der Herr – der Passagier und nicht der Navigator – deiner Welt. Da besteht ein enormer Unterschied zwischen objektiv ausgerichteter Aufmerksamkeit und subjektiv ausgerichteter Aufmerksamkeit, und deine Kompetenz, deine Zukunft zu ändern hängt von der subjektiven Steuerung der Aufmerksamkeit ab. Wenn du in der Lage bist, die Bewegungen deiner Aufmerksamkeit in der subjektiven Welt zu kontrollieren und zu steuern, kannst du dein Leben anpassen und ändern wie du willst. Aber diese Kontrolle kann nicht erreicht werden, wenn du es zulässt, dass deine Aufmerksamkeit ständig von außen beeinflusst wird.

WICHTIG! Die subjektive Steuerung deiner Aufmerksamkeit

ÜBUNG

Mach es dir zu deiner täglichen Aufgabe deine Aufmerksamkeit bewusst von der objektiven Welt zurückzuziehen und konzentriere deine Aufmerksamkeit auf die subjektive Welt.

Mit anderen Worten richte deine Aufmerksamkeit auf jene Gedanken und Stimmungen, die du willentlich, ganz bewusst bestimmst. Dann werden die Dinge, die dich jetzt einschränken verblassen und ganz verschwinden. An dem Tag an dem du Kontrolle über die Bewegung deiner Aufmerksamkeit in der subjektiven Welt erlangst, bist du Meister deines Schicksals.

Du wirst nicht länger die Dominanz der äußeren Bedingungen und Umstände akzeptieren. Du wirst das Leben nicht mehr auf der Basis der äußeren Welt akzeptieren. Nachdem du die Kontrolle über die Bewegungen deiner Aufmerksamkeit erlangt hast, und das seit ewigen Zeiten versteckte Mysterium entdeckt hast, dass der Christus in dir deine Vorstellungskraft ist, wirst du die Vormachtstellung der Vorstellungskraft feststellen und alle Dinge ihr unterwerfen.

Akzeptanz

Wie sehr es auch immer danach aussieht, dass du in einer materiellen Welt lebst, *lebst du tatsächlich in einer Welt der Imagination, der Vorstellungen*. Die äußeren, physischen Geschehnisse des Lebens sind Früchte vergessener Blütenzeiten – Resultate früherer und meistens vergessener Bewusstseinszustände. Sie sind das Endergebnis einer oft vergessenen, fantasievollen Entstehungsgeschichte.

Du lebst tatsächlich in einer Welt der Imagination, der Vorstellungen.

Die Schlüssel zum Königreich

Dieser Schock kehrt deine zeitliche Empfindung um. Das bedeutet, dass deine Erfahrung nicht wie sonst auf der Vergangenheit basiert, sondern jetzt ein Ergebnis deiner Fantasie ist, in der du irgendwo warst, wo du physisch bisher nicht gewesen bist. In Wirklichkeit bewegt es dich über eine Brücke von Ereignissen zur physischen Realität deines eingebildeten, deines dir vorgestellten Zustands hin. Der Mensch, der nach Belieben jeden Zustand annehmen kann, den er haben möchte, hat die Schlüssel zum Königreich des Himmels gefunden. Die Schlüssel sind *der Wunsch, die Einbildungskraft und eine beständige, konzentrierte Aufmerksamkeit auf das Gefühl des erfüllten Wunsches.* Für solch einen Menschen sind jegliche unerwünschten, objektiven Fakten nicht länger eine Realität und der sehnlichste Wunsch nicht länger ein Traum.

> ***„Teste mich jetzt hiermit, sagt der Herr der Schöpfung, ob ich nicht die Fenster des Himmels öffne und über dich einen Segen ausschütte, sodass nicht genug Platz da ist, alles zu empfangen"***
>
> Bibelzitat – Maleachi 3:10

Die Fenster des Himmels werden sich nicht durch einen starken Willen öffnen, der sich dann der Schätze des Himmels bemächtigt. Aber die Fenster öffnen sich wie von selbst und geben ihre Schätze als großzügige Gaben frei – ein Geschenk, das kommt wenn die Versunkenheit ein solches Stadium erreicht, dass ein Gefühl der vollständigen Akzeptanz erreicht wird. Der Weg von deinem jetzigen Gefühlszustand zum Gefühl deines erfüllten Wunsches führt nicht über eine Schlucht. Es existiert ein ununterbrochener Zusammenhang zwischen der sogenannten Realität und dem Unwirklichen. Um von einem Zustand zum anderen zu gelangen, streckst du einfach deine Fühler aus, vertraust deinem Gefühl und begibst dich vollkommen in den Geist dessen, was du tust.

> *„Weder mit Gewalt noch durch Kraft sondern durch meinen Geist, sagt der Herr der Schöpfung."*
>
> Bibelzitat – Sacharja 4:6

Nimm die Geisteshaltung, das Gefühl des erfüllten Wunsches an, und du wirst die Fenster geöffnet haben um den Segen zu erhalten. Einen Zustand anzunehmen heißt sich in den geistigen Zustand zu begeben. Deine Triumphe werden nur für diejenigen eine Überraschung sein, die deinen geheimen Weg von dem Zustand des Verlangens zur Annahme des erfüllten Wunsches nicht kennen.

Der Herr der Schöpfung wird auf deine Wünsche so lange nicht reagieren, bis du das Gefühl dessen angenommen hast, bereits der zu sein, der du sein willst, denn die Akzeptanz ist der Kanal für sein Handeln. Akzeptanz ist der Herr der Schöpfung in Aktion.

Der mühelose Weg

Das Prinzip der „kleinsten Handlung“ bestimmt alles Physische von der Bahn der Planeten bis zum Weg eines Lichtimpulses. „Kleinste Handlung“ ist die geringste Energie multipliziert mit der kürzesten Zeit. Daher musst du die geringste Energie und möglichst wenig Zeit aufwenden, wenn du dich von deinem jetzigen Zustand zu dem gewünschten Zustand bewegst. Die Reise von einem Bewusstseinszustand zu einem anderen ist eine psychologische Reise. Für diese Reise musst du die psychologische Entsprechung der „kleinsten Handlung“ anwenden. Diese psychologische Entsprechung ist die bloße Einbildung.

An dem Tag an dem du die Kraft der Einbildung begreifst, wirst du entdecken, dass sie in vollkommener Übereinstimmung mit diesem Prinzip funktioniert. Es funktioniert durch das Hilfsmittel der Aufmerksamkeit minus Anstrengung. Auf diese Weise, mit „kleinster Handlung“ eilst du durch deine Vorstellungskraft ohne Hast und erreichst dein Ziel ohne Anstrengung.

Da die Schöpfung bereits vollendet ist, *existiert das was du haben willst bereits*. Es ist von deiner Sicht ausgeschlossen, da du nur den Inhalt deines eigenen Bewusstseins wahrnehmen kannst. Es ist die Funktion der Einbildungskraft, des Vorstellungsvermögens, die ausgeschlossene Sicht zurück zu bringen und die Gesamtsicht wieder herzustellen. *Es ist nicht die Welt die sich ändert, sondern deine Anschauungen die sich ändern*. Dein Vorstellungsvermögen bringt das Unsichtbare ins Sichtfeld. Es ist nicht mehr oder weniger als mit Gottes Augen zu sehen, d.h. mit deiner Vorstellungskraft, deiner Fantasie.

> *„Gott sieht nicht wie ein Mensch sieht, denn der Mensch betrachtet die äußere Erscheinung, aber Gott schaut auf das Herz.“*

Deine Ansichten und Auffassungen ...

Das Herz ist das primäre Sinnesorgan, somit die erste Ursache der Erfahrung. Wenn du „auf das Herz schaust“, dann schaust du dir deine Ansichten, deine Auffassungen an. Deine Erfahrungen werden von deinen Ansichten und Auffassungen bestimmt. Beobachte deine Ansichten und Auffassungen sehr sorgfältig, denn aus ihnen entstehen die Aspekte

...haben die Macht sich in der physischen Welt zu realisieren

Das ewige Jetzt

deines Lebens. Deine Ansichten und Auffassungen haben die Macht sich in der physischen Welt zu realisieren. Jedes Ereignis in der sichtbaren Welt ist das Resultat von Ansichten, Auffassungen und Ideen in der unsichtbaren Welt.

Der jetzige Moment, dieser Augenblick, ist überaus wichtig, denn nur in diesem Moment der Gegenwart können wir unsere Ansichten, Auffassungen und Ideen kontrollieren. Die Zukunft muss in deinem Kopf die Gegenwart werden, wenn du das „Gesetz der Annahmen" weise nutzen willst. Die Zukunft wird zur Gegenwart wenn du dir vorstellst bereits der zu sein, der du sein wirst, wenn deine Annahme, Auffassung von dir erfüllt ist. Sei still (kleinste Handlung) und wisse, dass du der bist, der du sein willst. Das Ende des brennenden Wunsches, des Verlangens sollte das SEIN sein. Verwandle deine Träume ins SEIN. Die andauernde Entwicklung zukünftiger Zustände ohne das Bewusstsein, diesen Zustand bereits zu haben oder zu sein, d.h. dir deinen Wunsch vorzustellen und auszumalen ohne wirklich das Gefühl des erfüllten Wunsches anzunehmen ist die große Illusion der Menschheit. Das ist einfach sinnlose Tagträumerei.

Die Krone der Mysterien

Die Annahme, dass der Wunsch erfüllt ist, ist das Schiff das dich über das unbekannte Meer zur Erfüllung deines Traumes bringt. Die Annahme ist alles; die Realisierung ist unbewusst und mühelos. ***„Nimm an, dass du eine Tugend besitzt, wenn du sie nicht hast.“*** Handle auf Grund der Annahme, dass du bereits besitzt was du haben willst.

So wie die unbefleckte Empfängnis das Fundament der christlichen Mysterien ist, so ist die Annahme ihre Krone. Psychologisch gesehen bedeutet die unbefleckte Empfängnis die Geburt einer Idee in deinem Bewusstsein ohne fremde Hilfe. Wenn du zum Beispiel einen bestimmten Wunsch hast, eine Sehnsucht, ein Verlangen, ist das eine unbefleckte Empfängnis in dem Sinne, dass keine lebende Person oder Ding dir diesen Wunsch eingegeben hat. Er ist selbst erdacht. Jeder Mensch ist die Maria der unbefleckten Empfängnis und muss seine Ideen gebären. Die Annahme (Vorstellung) des Wunsches ist die Krone der Mysterien, weil es die höchste Anwendung des Bewusstseins ist. Wenn du in deiner Vorstellung das Gefühl des erfüllten Wunsches annimmst, *wirst du geistig auf eine höhere Ebene gehoben.* Wenn durch deine Beharrlichkeit diese Annahme Tatsache wird, befindest du dich automatisch auf einer höheren Ebene in deiner objektiven Welt (d.h. du hast deinen Wunsch erfüllt). Deine Annahmen, deine Erwartungen, deine Anschauungen steuern alle deine bewussten und unbewussten Bewegungen (Handlungen) in die Richtung des angedeuteten Ziels so unausweichlich, *dass es geradezu die Vorkommnisse diktiert.* **Das Drama des Lebens ist ein psychologisches Drama und das Ganze wird geschrieben und produziert durch deine Annahmen, Anschauungen und Vorstellungen. Lerne die Kunst der Annahme des Gefühls des erfüllten Wunsches, denn nur auf diese Art und Weise kannst du dein eigenes Glück kreieren.**

Persönliches Unvermögen

Die eigene Kapitulation ist grundlegend wichtig und damit ist das Eingeständnis des persönlichen Unvermögens gemeint.

„Ich kann aus mir selbst heraus nichts tun“

Da die Schöpfung vollendet ist, ist es unmöglich etwas ins Sein zu zwingen. Das bereits gegebene Beispiel des Magnetismus ist eine gute Illustration. Du kannst Magnetismus nicht erzeugen, du kannst ihn nur darstellen. Du kannst das Gesetz des Magnetismus nicht machen. Wenn du einen Magneten herstellen willst, kannst du das nur, wenn du dabei dem Gesetz des Magnetismus entsprichst. Mit anderen Worten, du kapitulierst oder gehorchst dem Gesetz. Auf die gleiche Art gehorchst du dem Gesetz wenn du die Möglichkeiten der Annahme des erfüllten Wunsches anwendest, genauso real wie beim Gesetz des Magnetismus. *Du kannst das Gesetz der Annahme weder kreieren noch ändern.* So ist dein persönliches Unvermögen zu sehen. Du musst immer dem Gesetz entsprechen oder gehorchen, und da alle deine Erfahrungen ein Resultat deiner Annahmen, deiner Anschauungen und Vorstellungen sind (bewusst oder unbewusst) sollte der Wert der bewussten Anwendung der Kraft der Annahme offensichtlich sein.

Identifiziere dich bereitwillig mit deinem größten Verlangen, wissend, dass es durch dich Ausdruck finden wird. Gebe dich dem Gefühl des erfüllten Wunsches hin, sei vollkommenes Opfer des Gefühls, und dann erhebe dich als der Prophet *des Gesetzes der Annahme.*

Alles ist möglich

Lebe dein Leben in einem erhabenen Geist des Vertrauens und der Entschlossenheit, ignoriere die äußeren Erscheinungsbilder, Bedingungen und tatsächlich alle Meldungen deiner Sinne, die die Erfüllung deiner Wünsche verneinen. Ruhe in der Annahme, dass du bereits der bist, der du sein möchtest, denn in dieser entschlossen Annahme bist du und dein unendliches SEIN in kreativer Einheit verflochten, und mit deinem unendlichen SEIN (Gott) sind alle Dinge möglich. Gott versagt nie. Durch die Beherrschung deiner Annahmen bist du in Wahrheit in die Lage versetzt, dein Leben zu meistern. Somit kann die Leiter des Lebens erklommen werden und so wird das Ideal realisiert.

Ignoriere die äußeren Erscheinungsbilder, Bedingungen und tatsächlich alle Meldungen deiner Sinne, die die Erfüllung deiner Wünsche verneinen

Der Schlüssel zum wahren Zweck des Lebens ist es, dich deinem Ideal vollkommen hinzugeben mit solch einem Bewusstsein seiner Realität, dass du anfängst das Leben des Ideals zu leben und nicht länger das Leben wie du es vor dieser Hingabe an das Ideal gelebt hast.
„Er ruft Dinge an, die nicht gesehen werden können, so als könnte man sie sehen; und das Unsichtbare wird sichtbar".

Jede Annahme hat seine entsprechende Welt. Wenn du wirklich aufmerksam bist, wirst du bemerken wie die Kraft deiner Annahmen die Umstände verändert, die völlig unveränderbar aussahen. Du mit deiner bewussten Vorstellung (Annahme) bestimmst die Eigenschaften der Welt in der du lebst. Ignoriere den jetzigen Zustand, und nimm den Zustand des erfüllten Wunsches an. Fordere ihn ein und er wird reagieren. Das Gesetz der Annahme ist das Mittel mit dem die Erfüllung deiner Wünsche realisiert werden kann. In jedem Moment deines Lebens, bewusst oder unbewusst, nimmst du ein Gefühl an. Du kannst es ebenso wenig vermeiden ein Gefühl zu haben, wie du es vermeiden kannst zu atmen, zu essen und zu trinken. Alles was du machen kannst, ist die Art und Weise und Richtung deiner Annahmen und Vorstellungen zu kontrollieren.

In dem Postbeispiel war eine Beschleunigung der Bedienung nicht zu erwarten, aber durch meine Vorstellung und Annahme erfolgte sie.

Somit ist es deutlich zu erkennen, dass du mit der Kontrolle deiner Vorstellungen und Annahmen den Schlüssel zu einem immer weiter expandierenden, glücklichen und genussvollem Leben in der Hand hältst.

Sei ein Handelnder

„Sei ein Handelnder des Wortes und nicht nur Hörer, dein eigenes Selbst betrügend. Denn wenn jemand nur ein Hörer des Wortes ist, und kein Handelnder, ist er wie ein Mensch, der sein Gesicht im Spiegel ansieht und seines Weges geht, und sofort seine wahre Natur vergisst. Aber der, der in das perfekte Gesetz der Freiheit schaut, und darin verweilt, der nicht nur ein vergesslicher Hörer, sondern ein Handelnder des Wortes ist, dieser Mensch wird in seinen Taten gesegnet sein".

Bibelzitat – Jakobus 1:22–25

Ein simpler Tagtraum wird deine Wünsche nicht erfüllen!

Das „Wort" in diesem Zitat bedeutet Idee, Konzept und Verlangen. Du betrügst dich selbst, wenn du „nur hörst", wenn du erwartest, dass deine Wünsche, dein Verlangen durch simple Tagträumerei erfüllt werden. Dein Wunsch, dein Verlangen ist das, was du sein oder haben möchtest, sich selbst „im Spiegel anzusehen" ist dich in deiner Vorstellung als diese Person zu sehen. Deine „wahre Natur zu vergessen" bedeutet dein Versagen in deiner Annahme (Vorstellung) zu beharren. Das „perfekte Gesetz der Freiheit" ist das Gesetz, das die Befreiung von allen Begrenzungen ermöglicht; das Gesetz der Annahme. In dem perfekten Gesetz der Freiheit zu verweilen bedeutet, in deiner Annahme des bereits erfüllten Wunsches zu verharren. Du bist kein „vergesslicher Hörer" wenn du das Gefühl des erfüllten Wunsches beständig in deinem Bewusstsein am Leben erhältst. Dieses macht dich zu „einem Handelnden des Wortes" und du wirst in deinem Tun gesegnet sein durch die unvermeidbare Realisierung deines Verlangens.

Du musst ein Handelnder des Gesetzes der Annahme sein, denn ohne Anwendung wird selbst das profundeste Wissen und Verständnis keine gewünschten Resultate produzieren.
Häufiges wiederholen und aufführen wichtiger Grundwahrheiten ist auf diesen Seiten beabsichtigt. Wenn es um das Gesetz der Annahme geht – das Gesetz das den Menschen befreit – dann ist das eine gute Sache. Das sollte immer und immer wieder verdeutlicht werden, selbst wenn die Wiederholung langweilig zu werden droht. Der wirkliche Wahrheitssuchende wird diese Hilfe begrüßen, seine Aufmerksamkeit auf das *Gesetz das ihn befreit,* zu konzentrieren.

Die Parabel des Herren, der seinen Diener verdammt, der es versäumt hat, das ihm gegebene Talent zu nutzen ist klar und unmissverständlich. Nachdem du in dir selbst den Schlüssel zur Schatztruhe entdeckt hast, solltest du so sein wie der gute Diener, der durch weise Nutzung die ihm anvertrauten Talente mehrfach vermehrte. *Das dir anvertraute Talent ist die Fähigkeit bewusst deine Vorstellungen, deine Annahmen zu bestimmen.* Ein nicht genutztes Talent ist wie ein Körperglied, das nicht trainiert wird und allmählich verkümmert und letztendlich verschwindet.

Das Ende allen Verlangens ist zu SEIN

Wonach du streben sollst ist SEIN. Um zu tun ist es unerlässlich zu SEIN. Das Ende allen Verlangens ist *zu SEIN*. Dein Konzept, deine Auffassung von dir selbst, kann aus deinem Bewusstsein nur durch eine neue Auffassung von dir selbst vertrieben werden. Indem du dir ein Ideal vorstellst, kannst du dich mit ihm so lange identifizieren, bis du ein und dasselbe bist, und dich dadurch selbst zum Ideal transformierst.

Das Dynamische beherrscht das Statische; das Aktive steht über dem Passiven. Einer der handelt ist anziehend und daher unendlich viel kreativer als jeder der nur hört. Gehöre zu den Handelnden.

Die wesentlichen Elemente

Die entscheidenden drei Punkte bei der erfolgreichen Anwendung des Gesetzes der Annahme sind folgende:

Sehnsucht, Begehren, heftiges, glühendes Verlangen

An erster Stelle und über allem stehen Sehnsucht, Begehren, heftiges, glühendes Verlangen. Mit deinem ganzen Herzen musst du anders sein wollen als du bist. Heftiges, glühendes Verlangen ist die Antriebsfeder für alle Handlungen, der Beginn aller erfolgreichen Unternehmungen. Jede große Leidenschaft besteht aus konzentriertem Verlangen.

körperliche Ruhe

Meditation

Zweitens, entwickle einen Zustand körperlicher Ruhe, eine Art körperlichen Unvermögens, ähnlich dem Schlaf. Ein Zustand, der dem Schlaf ähnlich ist, aber in dem man noch volle Kontrolle über seine Aufmerksamkeit besitzt. Du solltest lernen, diesen Zustand bewusst herbeizuführen, erfahrungsgemäß ist dieser Zustand nach einer guten Mahlzeit, oder wenn du morgens aufwachst und ungern aufstehst, dann bis du ganz natürlich in der richtigen Stimmung, in diesen Zustand einzutreten. Der Wert der körperlichen Unbeweglichkeit zeigt sich in dem Zuwachs geistiger Stärke, die absolute Stille mit sich bringt.

„Sei still und wisse, ICH BIN Gott"

In der Tat treten die größeren Energien des Geistes selten hervor, es sei denn der Körper ruht und das Tor der Sinne ist für die Eindrücke der objektiven Welt geschlossen.

Stell dir vor dass du eine Eigenschaft oder ein Ding, das du bisher nicht hattest, besitzt. Gib dich vollkommen diesem...

Das dritte und letzte wesentliche Element das du anwenden musst, ist dir in deinem Vorstellungsvermögen, deiner Fantasie die Erfahrung vorzustellen, die du in der physischen Realität erleben würdest, wenn du dein Ziel erreicht hast. Stell dir vor, dass du eine Eigenschaft oder ein Ding, das du bisher nicht hattest, besitzt. Gib dich vollkommen diesem Gefühl hin, bis dein ganzes Wesen davon erfüllt ist. Dieser Zustand unterscheidet sich von einer Tagträumerei folgendermaßen: Es handelt sich hierbei um eine bewusst gelenkte Fantasie mit ständiger, konzentrierter Aufmerksamkeit, wohingegen eine Träumerei das Ergebnis einer unkontrollierten Fantasie ist – halt nur ein Tagtraum.

...Gefühl hin, bis dein ganzes Wesen davon erfüllt ist

In dem kontrollierten Zustand reicht eine minimale Anstrengung aus, um dein Bewusstsein mit dem Gefühl des erfüllten Wunsches nachhaltig zu überfluten. Der physische und mentale Ruhezustand ist eine großartige Hilfe bei der absichtlichen Aufmerksamkeit und ist gleichzeitig der Grund für den geringsten Kraftaufwand.

Die Anwendung dieser drei Punkte:

1. **Verlangen**
2. **körperliche Ruhe**
3. **Die Unterstellung, dass der Wunsch bereits erfüllt ist, ist der Weg zur Vereinigung mit deinem Ziel.**

Es ist ein gängiges Missverständnis, dass dieses Gesetz nur für diejenigen funktioniert, die ein strenggläubig, religiöses Ziel verfolgen. Das Gesetz funktioniert genauso unpersönlich wie die Gesetze der Elektrizität funktionieren. Es kann genauso für gierige, selbstsüchtige Zwecke wie für edle Zwecke genutzt werden.

Aber man sollte sich immer vor Augen halten, dass unehrenhafte Gedanken und Handlungen immer unglückliche Konsequenzen nach sich ziehen.

Rechtschaffenheit

Rechtschaffenheit ist das Bewusstsein, bereits der zu sein, der du sein möchtest

In den vorhergehenden Kapiteln wurde Rechtschaffenheit als das Bewusstsein, bereits der zu sein, der du sein möchtest, definiert. Dies ist die wahre psychologische Bedeutung, und bezieht sich offensichtlich nicht auf das Einhalten von moralischen Vorschriften, bürgerlichen Gesetzen und religiösen Geboten. Es kann nicht genügend betont werden, wie wichtig es ist rechtschaffend zu sein! Tatsächlich ist die ganze Bibel durchdrungen von Aufforderungen und Ermunterungen zur Rechtschaffenheit.

„Mach Schluss mit deinen Sünden durch Rechtschaffenheit."
Bibelzitat – Daniel 4:27

„Meine Rechtschaffenheit halte ich fest, und werde sie nicht loslassen; mein Herz wird mir keine Vorwürfe machen so lange ich lebe."
Bibelzitat – Hiob 27:6

„Meine Rechtschaffenheit wird in der Zukunft Zeugnis für mich ablegen."
Bibelzitat – Genesis 30:33

Sünde bedeutet das Ziel zu verpassen

Wirkung folgt immer der Ursache

Sehr oft werden die Worte „Sünde" und „Rechtschaffenheit" im selben Zitat angewendet. Dieses ist ein logischer Kontrast von Gegensätzen und wird außerordentlich maßgeblich im Licht der psychologischen Bedeutung von Rechtschaffenheit und der psychologischen Bedeutung von Sünde. Sünde bedeutet *das Ziel zu verpassen*. Sünde bedeutet dein Verlangen nicht zu stillen, nicht die Person zu werden die du sein möchtest. Rechtschaffenheit ist das Anspruchsbewusstsein zu haben, bereits der zu sein der du sein möchtest. Es ist unveränderbares, erzieherisches Gesetz, dass die Wirkung der Ursache folgen muss. Nur durch Rechtschaffenheit wirst du von der Sünde erlöst.

Es gibt ein weit verbreitetes Missverständnis, was es bedeutet „von der Sünde erlöst zu werden". Das folgende Beispiel sollte genügen dieses Missverständnis aufzuzeigen und die Wahrheit zu begründen.
Eine in erbärmlicher Armut lebende Person könnte glauben dass sie durch die Anwendung irgendwelcher religiöser oder philosophischer Aktivitäten „von der Sünde" errettet werde könnte und das Ergebnis ist

eine Verbesserung ihres Lebens. Wenn diese Person jedoch weiterhin in Armut lebt, ist es offensichtlich, dass das was sie geglaubt hat nicht die Wahrheit ist und wurde in der Tat nicht „erlöst". Andererseits kann diese Person durch *Rechtschaffenheit* erlöst werden. Die erfolgreiche Anwendung des Gesetzes der Annahme würde das unvermeidliche Ergebnis einer wirklichen Änderung in seinem Leben hervorrufen. Sie würde nicht länger in Armut leben. Sie würde nicht länger ihr Ziel verpassen. Sie würde von der „Sünde" erlöst sein.

> ***„Es sei denn deine Rechtschaffenheit überflügelt die Rechtschaffenheit der Schreiber und der Pharisäer, wirst du auf keinen Fall das Königreich des Himmels betreten."***
>
> Bibelzitat – Matthäus 5:20

Unter Schreibern und Pharisäer sind diejenigen zu verstehen die durch die äußeren Umstände beeinflusst und bestimmt werden, den Regeln und Gebräuchen der Gesellschaft in der sie leben, dem vergeblichen, nutzlosen Wunsch von anderen geachtet zu werden.
Wenn du diesen Geisteszustand nicht ablegst, wirst du ein begrenztes Leben führen – du wirst deine Sehnsüchte nicht erfüllen, du wirst das Ziel verfehlen – ein Leben „in Sünde" führen. Diese Rechtschaffenheit wird überflügelt durch die wahre Rechtschaffenheit, die immer das Bewusstsein dessen ist, der du sein möchtest, aber noch nicht bist.

Die große Falle

Die größte Falle beim Versuch das Gesetz der Annahme für sich zu nutzen ist die Konzentrierung deiner Aufmerksamkeit auf Dinge, ein neues Haus, einen besseren Job, ein dickes Bankkonto. Das ist nicht die gewünschte, die hier gemeinte Rechtschaffenheit, die dich von deinen Sünden befreit. Rechtschaffenheit ist nicht das Ding selbst, sondern das Bewusstsein, das Gefühl bereits die Person zu sein, die du werden möchtest, das Gefühl, die Sache bereits zu besitzen, die du haben möchtest.

> ***„Suche zuerst das Königreich Gottes und seine Rechtschaffenheit; und alle Dinge werden dir gegeben."***
>
> Bibelzitat – Matthäus 6:33

Das Königreich (die gesamte Schöpfung) Gottes (dein ICH BIN) ist in dir. Rechtschaffenheit ist das Bewusstsein, dass du bereits alles besitzt.

Freier Wille

NICHTS TUN

Lass die Illusion, aus freiem Willen handeln zu können los

Freier Wille bedeutet tatsächlich *die Freiheit jede Idee auszusuchen, die du zu haben wünschst*

Die Frage die oft gestellt wird ist: „Was ist zu tun zwischen der Annahme des erfüllten Wunsches und seiner Realisierung?" *NICHT*S. Es ist irreführend zu glauben, dass du, außer dem Annehmen des Gefühls des bereits erfüllten Wunsches, irgendetwas tun könntest um die Realisierung des Wunsches zu unterstützen. Du denkst du kannst etwas tun, du willst etwas tun, aber tatsächlich kannst du nichts tun. Die Illusion des freien Willens zu tun, ist nichts als Ignoranz des Gesetzes des Annehmens, auf welchem alle Handlungen basieren. Alles passiert automatisch. Alles was dir passiert, alles was du tust – passiert. Deine Annahmen, deine Vorstellungen, *bewusste oder unbewusste,* lenken alle Gedanken und Handlungen zu ihrer Erfüllung. Das Gesetz des Annehmens zu verstehen, von seiner Wahrheit überzeugt zu sein, bedeutet, die Illusion aus freiem Willen handeln zu können loszulassen. Freier Wille bedeutet tatsächlich *die Freiheit jede Idee auszusuchen, die du zu haben wünschst*. Durch das Annehmen, dass die Idee bereits Fakt ist, wird sie in die Realität gebracht. Darüber hinaus endet der freie Wille und alles passiert in Harmonie mit dem angenommenen, dem vorgestellten Konzept.

> *„Ich kann aus mir selbst heraus nichts tun" ... „denn ich suche nicht meinen eigenen Willen, sondern den Willen des Vaters, der mich gesandt hat."*

In diesem Zitat bezieht sich „Vater" offensichtlich auf Gott. In einem früheren Kapitel ist Gott definiert als ICH BIN. Da die Schöpfung vollständig ist, beendet ist, ist der Vater nicht in der Lage zu sagen: *„Ich werde sein."* Mit anderen Worten, alles existiert und das unendliche ICH-BIN-Bewusstsein kann nur in der Gegenwartsform sprechen.

> *„Nicht mein Wille, sondern dein Wille geschehe"*

„Ich werde sein" ist ein Eingeständnis, dass „Ich nicht bin". Des Vaters Wille ist immer „ICH BIN". Bis du erkennst, dass DU der Vater bist, (es gibt nur ein ICH BIN und dein unendliches Selbst ist dieses ICH BIN) wird dein Wille immer *„Ich werde sein"* sein.

In dem Gesetz des Annehmens ist das Bewusstsein deines Seins der Wille des Vaters. Der bloße Wunsch ohne dieses Bewusstsein ist das *„mein Wille"*. Dieses bedeutende Zitat, das so wenig verstanden wird, ist die vollkommene Erklärung des Gesetz des Annehmens.

Es ist unmöglich etwas zu tun. Du musst SEIN, um etwas tun zu können. Wenn du ein anderes Konzept von dir selbst hättest, dann wäre alles anders. Du bist *wer du bist*, und somit ist alles *wie es ist*. Das Geschehen, das du beobachtest, wird bestimmt durch das Konzept, die Vorstellung, die du von dir hast. Wenn du deine Vorstellung von dir selbst änderst, werden die Geschehnisse, die auf der Zeitschiene noch vor dir liegen, geändert, aber derartig geändert, bilden sie wieder eine deterministische Sequenz, die in dem Augenblick beginnt, indem du dein Konzept von dir geändert hast. Du bist ein Wesen mit der Macht der Intervention, welche dich in die Lage versetzt, durch eine Änderung des Bewusstseins den Weg der beobachteten Ereignisse zu ändern – tatsächlich bist du in der Lage deine Zukunft zu verändern.

Du musst SEIN um etwas tun zu können

Du bist wer du bist, und somit ist alles wie es ist

Leugne die Beweise der Sinne und nimm das Gefühl des erfüllten Wunsches an. Insofern wie dein Annehmen, deine Vorstellung, kreativ ist und eine Atmosphäre bildet, ihre Absicht edel ist, erhöht sie deine Zuversicht und hilft dir eine höhere Ebene des Seins zu erreichen. Wenn hingegen deine Vorstellung unschön ist, wird sie dich behindern und deinen Weg nach unten beschleunigen. Gerade wie liebevolle Vorstellungen eine harmonische Atmosphäre bilden, so kreieren harte und bittere Gefühle eine harte und bittere Atmosphäre.

Welche Dinge auch immer rein, aufrichtig und liebevoll sind, und Gutes verkünden, denk an diese Dinge.

Lass deine Annahmen, deine Vorstellungen die höchsten, edelsten, glücklichsten Konzepte sein. Es gibt keinen besseren Augenblick als *jetzt* anzufangen. Der jetzige Moment ist immer der günstigste, um alle unschönen Vorstellungen zu beseitigen und sich ausschließlich auf das Gute zu konzentrieren. Wie für dich selbst, fordere auch für andere ihr göttliches Erbe ein. Sehe nur ihr Gutes und das Gute in Ihnen. Rege in anderen, durch deine aufrichtige Voraussetzung ihres Guten, das allerhöchste Selbstvertrauen an, und du wirst ihr Prophet, ihr Heiler sein. Denn die Erfüllung, Realisierung erfolgt unvermeidbar für alle stetig aufrechterhaltenen Annahmen.

Lass deine Annahmen, deine Vorstellungen die höchsten, edelsten, glücklichsten Konzepte sein

Du erreichst durch dein Annehmen, was du durch Macht nie erreichen wirst. Ein Annehmen, eine Vorstellung ist eine bestimmte Bewegung im Bewusstsein. Diese Bewegung, wie jede Bewegung, übt einen Einfluss auf die umgebenden Substanzen aus, und veranlasst sie die Form des Annehmens zu verwirklichen, als Echo zu wirken und die Annahme zu reflektieren. Eine Änderung des Schicksals ist eine neue Ansicht und Richtung, nur eine einfache Änderung der gleichen Verstandessubstanz – dem *Bewusstsein*.

Wenn du dein Leben ändern willst, musst du mit deinem grundsätzlichen Konzept von dir selbst anfangen

Wenn du dein Leben ändern willst, musst du ganz vorne an der Quelle beginnen, mit deinem grundsätzlichen Konzept von dir selbst. Äußere Änderungen, Teil einer Organisation zu werden, politischer Parteien, religiösen Gruppen ist nicht genug. Die entscheidende Veränderung muss in dir selbst stattfinden, in deinem eigenen Konzept, deiner eigenen Vorstellung von dir selbst. Du musst dir vorstellen, akzeptieren, dass du bist, was du sein möchtest, und in dieser Vorstellung, dieser Annahme verharren, denn die Realität deiner Annahme hat sein Sein in vollständiger Unabhängigkeit von den objektiven Fakten und wird sich verwirklichen, wenn du in dem Gefühl des bereits erfüllten Wunsches verbleibst. Wenn du weißt, dass sich Annahmen und Vorstellungen, wenn du beharrlich an ihnen festhältst, sich zu Fakten verdichten, dann werden Geschehnisse, die für den Uneingeweihten reine Zufälle sind, für dich die logischen und unvermeidbaren Ergebnisse deines Annehmens bzw. deiner Vorstellungen sein.

Das Wichtigste ist, dass du dir einprägst, dass du einen grenzenlosen, freien Willen in der Auswahl deines Annehmens und deiner Vorstellungen hast, aber keine Macht besitzt die Bedingungen und Ereignisse zu bestimmen. Du kannst nichts schöpfen, aber dein Annehmen und deine Vorstellungen bestimmen, welchen Teil der Schöpfung du erleben wirst.

Beharrlichkeit

„Und er sagte zu ihnen: Wer von euch einen Freund hat, wird um Mitternacht zu ihm gehen und zu ihm sagen: Freund leihe mir drei Laibe Brot, denn ein Freund auf seiner Reise hat mich besucht und ich habe nichts zum Essen anzubieten; und der von innen wird sagen; störe mich nicht, die Tür ist jetzt geschlossen und meine Kinder sind mit mir im Bett. Ich kann nicht aufstehen und dir etwas geben. Und ich sage dir, obwohl er sein Freund ist, wird er nicht aufstehen und ihm geben. Und auf Grund des beharrlichen Bedrängens wird er doch aufstehen und ihm so viel geben wie er benötigt. Und ich sage dir: Bitte und es wird dir gegeben, suche und du wirst finden, klopfe an und es wird dir aufgetan."

Bibelzitat – Lukas 11:5–9

In diesem Zitat gibt es drei Hauptcharaktere, dich und die erwähnten zwei Freunde. Der erste Freund ist der erwünschte Bewusstseinszustand. Der zweite Freund ist der Wunsch, der Erfüllung sucht. Drei ist das Symbol für Vollständigkeit, Vollendung. Die Brotlaibe symbolisieren Substanz. Die geschlossene Tür symbolisiert die Sinne, die das Sichtbare vom Unsichtbaren trennen. Kinder im Bett bedeuten schlummernde Ideen. Die Unfähigkeit aufzustehen, bedeutet dass der gewünschte Bewusstseinszustand nicht zu dir aufsteigt, du musst dich zu ihm begeben. Beharrliches Bedrängen bedeutet fordernde Beständigkeit, eine Art von dreister Unverschämtheit. Fragen, Suchen und Klopfen bedeutet das Bewusstsein dessen anzunehmen, das du haben würdest, wenn du das Gewünschte bereits besitzen würdest.

Die Bibelstellen sagen dir, dass du nicht locker lassen sollst, dich in das Bewusstsein des bereits erfüllten Wunsches zu versetzen. Das Versprechen ist eindeutig, wenn du beharrlich an deinem Annehmen festhältst, dass du bereits hast, was dir deine Sinne verweigern, wird es dir gegeben – *dein Wunsch wird erfüllt.*

Die Bibel lehrt die Notwendigkeit der Beharrlichkeit, der Ausdauer in vielen Geschichten. Zum Beispiel als Jakob von einem Engel gesegnet werden wollte, mit dem er kämpfte, sagte er: *„Ich werde dich nicht gehen* *lassen, es sei denn du segnest mich"*. Die zugrunde liegende Wahrheit dieser und ähnlicher Geschichten ist, das der Wunsch dem Bewusstsein der letztendlichen Erfüllung entspringt und dass das Aufrechterhalten des Bewusstseins, des bereits erfüllten Wunsches, zur Erfüllung des Wunsches führt. Es reicht nicht aus, dich in den Zustand des beantworteten Gebets hinein zu fühlen, du musst in diesem Zustand verharren. Das ist der Grund für diese Anweisung:

– *der Mensch sollte immer beten und nicht zaghaft sein* –

Beten bedeutet hier so Dank zu sagen, als ob du das, was du dir wünschst, bereits erhalten hast. Ausschließlich das Verharren in der Annahme des bereits erfüllten Wunsches, kann die subtilen Änderungen in deinen Gedanken hervorrufen, die wiederum die erwünschten Änderungen in deinem Leben bewirken. Es kommt nicht darauf an, was für Wünsche es sind, sie müssen sich in Einklang mit deinem anhaltenden Annehmen verwirklichen. Wenn es dir so vorkommt, dass andere Menschen sich dir gegenüber nicht so verhalten, wie du es dir wünschst, liegt es nicht an ihrer zögerlichen Haltung, sondern an deinem Mangel an Beharrlichkeit, dir dein Leben so vorzustellen, so anzunehmen, als sei es bereits so wie du es dir wünschst. DeinAnnehmen, deine Vorstellung kann, um effektiv zu sein, keine isolierte Einzelhandlung sein, sondern muss eine konstante Haltung des bereits erfüllten Wunsches sein.

Fallbeispiel

An dieser Stelle wird es extrem hilfreich sein, ein spezifisches Beispiel der erfolgreichen Anwendung dieses Gesetzes aufzuschreiben. Hierbei handelt es sich um ein echtes Fallbeispiel. In diesem Beispiel wird das Problem genau definiert und es wird die Art und Weise beschrieben, wie die Vorstellungskraft eingesetzt wurde, um den gewünschten Bewusstseinszustand zu erreichen. In diesem Fall war der Buchautor Neville Goddard persönlich beteiligt oder die Fakten wurden ihm von einer beteiligten Person berichtet.

Er berichtet, dass ihm diese Geschichte in allen Einzelheiten persönlich bekannt ist.

Im Frühjahr 1943 befand sich ein kürzlich eingezogener Soldat in einem großen Armeelager in Louisiana. Er war überaus eifrig bemüht aus der Armee entlassen zu werden, aber auf ehrenhafte Weise.

Der einzige Weg dies zu erreichen, war einen Antrag auf Entlassung zu stellen. Dieser Antrag musste vom kommandierenden Offizier bestätigt werden. Nach Armeerecht war die Entscheidung des kommandierenden Offiziers endgültig, es gab dagegen keinen Widerspruch. Den Regeln folgend beantragte der Soldat seine Entlassung. Innerhalb von 4 Stunden kam sein Antrag abgelehnt zurück. Überzeugt, dass ein Widerspruch weder bei zivilen noch militärischen Stellen möglich war, wandte er sich nach innen, an sein Bewusstsein, überzeugt, dass er sich auf das Gesetz des Annehmens verlassen konnte. Der Soldat erkannte, dass sein Bewusstsein die einzige Realität ist, dass sein spezifischer Bewusstseinszustand die Umstände bestimmt, die er erleben würde.

An dem Abend, in dem Zeitraum zwischen zu Bett gehen und einschlafen, konzentrierte er sich bewusst auf die Anwendung des Gesetz des Annehmens. In seiner Vorstellung fühlte er wie er sich in seinem Apartment in New York City aufhält. Er visualisierte sich sein Apartment, d.h. vor seinem geistigen Auge sah er tatsächlich sein eigenes Apartment, gedanklich sah er jedes vertraute Zimmer bildlich vor sich, mit all den Möbeln ganz klar und deutlich.

Mit diesem deutlich vorgestellten Bild, legte er sich flach auf den Rücken und entspannte sich völlig. So induzierte er einen Zustand, der an den Schlaf grenzte, aber ihm erlaubte vollkommene Kontrolle über die Richtung seiner Aufmerksamkeit auszuüben. Als sein Körper vollkommen entspannt und ruhig war, nahm er an, dass er in seinem eigenen Zimmer lag und fühlte wie er in seinem eigenen Bett lag – ein ganz anderes Gefühl als auf dem Armeebett zu liegen. In seiner Vorstellung stand er von seinem Bett auf und ging von Zimmer zu Zimmer und berührte verschiedene Möbelstücke. Dann ging er zum Fenster und mit seinen Händen auf dem Fensterbrett ruhend, blickte auf die Straße hinab, an der sein Apartment lag. In seiner Vorstellung war alles so lebhaft, dass er Einzelheiten des Bürgersteigs, des Geländers und die vertrauten roten Backsteine des gegenüberliegenden Gebäudes sah. Dann ging er zurück zu seinem Bett und fühlte wie er einschlief. *Er wusste, dass es für die erfolgreiche Anwendung dieses Gesetzes besonders wichtig war, dass zum Zeitpunkt des Einschlafens sein Bewusstsein angefüllt war mit der Annahme, dass er bereits der ist, der er sein möchte.* Alles was er in seiner Vorstellungskraft tat, basierte auf der Annahme, dass er nicht mehr Soldat war. Nacht für Nacht wiederholte der Soldat diese Vorstellungsübung. Nacht für Nacht fühlte er sich in seiner Vorstellung ehrenhaft entlassen, zurück in seiner Wohnung, in der gewohnten Umgebung, und in seinem eigenen Bett einschlafend. Dies wiederholte er acht (8) Nächte lang. Acht Tage lang war seine *objektive* Erfahrung im direkten Gegensatz zu seiner *subjektiven* Bewusstseinserfahrung in jeder Nacht bevor er einschlief. Am neunten Tag erhielt der Soldat einen Befehl vom Hauptquartier, einen neuen Antrag auf Entlassung zu stellen. Kurz danach wurde er zu seinem Oberst zum Gespräch eingeladen. Der Oberst fragte ihn, ob er immer noch die Armee verlassen möchte. Der Soldat bejahte die Frage. Der Oberst sagte, obwohl er persönlich nicht einverstanden sei und starke Bedenken habe den Antrag zu genehmigen, würde er diese Bedenken beiseiteschieben und den Entlassungsantrag genehmigen. Innerhalb von Stunden war der Antrag genehmigt, und der Soldat, jetzt ein Zivilist, saß im Zug nach Hause.

Misserfolg

Dieses Buch wäre nicht vollständig ohne Diskussion von Misserfolgen in der versuchten Anwendung Gesetz des Annehmens. Es ist durchaus möglich, dass du bereits eine Anzahl von Misserfolgen in dieser Hinsicht hattest oder noch haben wirst – einige davon bei wirklich wichtigen Dingen. Wenn du, nachdem du dieses Buch gelesen hast, und ein gründliches Wissen der Anwendung und der Wirkungsweise des Gesetzes des Annehmens hast, und es getreu anwendest um ein intensives Verlangen zu erreichen und trotzdem scheiterst, was ist der Grund dafür? Selbst wenn du beharrlich in der Annahme des erfüllten Wunsches geblieben bist und die Realisierung nicht erfolgte, was war dann der Grund für den Misserfolg?

Die Antwort hierauf ist der wichtigste Faktor in der erfolgreichen Anwendung des Gesetzes der Annehmens. *Die Zeit die es braucht, bis deine Annahme sich realisiert, dein Wunsch sich erfüllt, verhält sich direkt proportional zu der Natürlichkeit des Gefühls bereits der zu sein, der du sein möchtest – bereits das zu besitzen, das du haben möchtest.*
Die Tatsache, dass es sich für dich nicht natürlich anfühlt, der zu sein, der du sein möchtest, ist der *verborgene Grund für deinen Misserfolg*. Egal was dein Wunsch ist, egal wie genau und intelligent du das Gesetz anwendest, wenn sich das was du willst sich für dich nicht natürlich anfühlt, *wirst du es nicht sein.*

Die Zeit die es braucht, bis sich dein Wunsch realisiert

Der verborgene Grund für deinen Misserfolg

Wenn es sich für dich nicht natürlich, normal anfühlt einen besseren Job zu bekommen, wirst du keinen besseren Job bekommen. Das ganze Prinzip ist plastisch in dem Bibelzitat „... du stirbst in deinen Sünden..." ausgedrückt – du gehst nicht über deinen jetzigen Geisteszustand hinaus.

Wie kann dieses Gefühl der Natürlichkeit erreicht werden? Das Geheimnis ist in einem Wort versteckt – *Vorstellungskraft*. Zum Beispiel, dies ist eine einfache Illustration. Nimm an du bist ganz sicher an eine schwere Eisenbank angekettet. Du kannst unmöglich rennen, nicht einmal gehen. Unter diesen Umständen wäre es für dich nicht normal zu rennen. Du könntest nicht einmal *fühlen*, dass es für dich normal wäre zu rennen. Aber es wäre leicht, dir *vorzustellen* zu rennen. In dem Augenblick, während dein Bewusstsein mit dem vorgestellten Rennen erfüllt ist, hast du vergessen, dass du angekettet bist. In deiner Vorstellung war dein Rennen völlig natürlich. Das entscheidende Gefühl der Natürlichkeit kann erreicht werden, indem du dein Bewusstsein ständig mit Vorstellungen anfüllst – dir vorstellt der zu sein, der du sein möchtest oder zu haben, was du haben möchtest.

Mit Hilfe deiner Vorstellungskraft sind alle Dinge möglich

Fortschritt kann nur aus deiner Vorstellungskraft kommen, von deinem Verlangen deine jetzige Bewusstseinsebene zu überschreiten. Was du ehrlich und im wahrsten Sinne des Wortes *fühlen musst ist, dass mit Hilfe deiner Vorstellungskraft alle Dinge möglich sin*d. Du musst dir darüber im Klaren sein, dass Änderungen nicht aus einer Laune heraus entstehen, sondern durch eine Änderung des Bewusstseins. Es kann sein, dass es dir nicht gelingt den Bewusstseinszustand zu erlangen oder aufrecht zu erhalten, um ein gewünschtes Ziel zu erreichen. Aber wenn du erst einmal weißt, dass Bewusstsein die einzige Realität, der alleinige Schöpfer deiner individuellen Welt ist und du diese Wahrheit in deinem ganzen Wesen verinnerlicht hast, dann weißt du, dass Erfolg und Niederlage ganz allein in deinen eigenen Händen ruhen. Egal ob du in bestimmten Fällen diszipliniert genug bist, den erforderlichen Bewusstseinszustand aufrechtzuerhalten oder nicht, hat keinen Einfluss auf die Wahrheit des Gesetzes selbst – dass ein Annehmen, wenn es aufrecht erhalten wird, sich zu Fakten verdichten wird.

Die Gewissheit, dass dieses Gesetz wahr ist bleibt trotz großer Enttäuschungen und Tragödien bestehen – „selbst wenn das Licht des Lebens schwindet und die Welt sich weiter dreht als ob es heller Tag ist". Du darfst nicht glauben, nur weil sich deine Annahme, deine Vorstellung nicht materialisiert hat, die Tatsache, dass Annahmen sich materialisieren, eine Lüge ist. Wenn sich deine Annahme nicht erfüllt, liegt es an einem Fehler oder einer Schwäche in deinem Bewusstsein. Diese Fehler oder Schwächen können überwunden werden. Übe deshalb weiter am Erlangen immer höherer Bewusstseinsebenen indem du fühlst bereits die Person zu sein, die du werden möchtest. Und denk daran, die Zeit die es für deine Annahme braucht um Realität zu werden, *steht in direktem Zusammenhang mit deinem natürlichen Gefühl es bereits zu sein.*

Die Gewissheit, dass dieses Gesetz wahr ist bleibt bestehen trotz großer Enttäuschungen und Tragödien

„Der Mensch umgibt sich mit einem wahren Abbild von sich selbst. Jeder Geist baut sich selbst ein Haus und jenseits des Hauses eine Welt und jenseits der Welt einen Himmel. Wisse dann, dass die Welt für dich besteht. Für dich ist die Erscheinung perfekt. Wir können nur das sehen, was wir sind. Alles was Adam hatte und Cäsar konnte, hast du und kannst du. Adam nannte sein Heim Himmel und Erde. Cäsar nannte sein Heim Rom, du nennst deins vielleicht das Schusterhandwerk; hundert Morgen Land, die Dachkammer eines Gelehrten. Und doch Zeile für Zeile Punkt für Punkt ist dein Herrschaftsgebiet so groß wie ihres, jedoch ohne großartigen Namen. Baue daher deine eigene Welt. So schnell wie du dein Leben mit der reinen Idee in deinem Geist in Einklang bringst, wird es sich in seinem großartigen Mengenverhältnis entfalten".

Emerson

Vertrauen und Glauben

„Ein Wunder ist die Bezeichnung, von denen die keinen Glauben besitzen, für die Werke des Glaubens".

„Glaube ist die Substanz der erhofften Dinge, der Beweis für unsichtbare Dinge".

Bibelzitat – Hebräer 11:1

Der wahre Grund für das Gesetz des Annehmens ist in diesem Bibelzitat enthalten. Gäbe es da nicht eine tiefsitzende Erkenntnis, dass das von dir gewünschte Substanz besitzt und durchaus erreicht werden kann, wäre es unmöglich den Bewusstseinszustand es zu sein oder zu haben, zu erreichen. Es ist die Tatsache, *dass die Schöpfung vollendet ist und alles bereits existiert, die dich zur Hoffnung anregt* – und Hoffnung wiederum *impliziert Erwartung*, und ohne Erwartung von Erfolg wäre es unmöglich das Gesetz des Annehmens bewusst anzuwenden. „Beweis" ist ein Zeichen der Wirklichkeit. Somit ist *Glauben* in diesem Zitat *das Bewusstsein der Realität dessen was du annimmst.* Insofern ist es offensichtlich, dass ein Mangel an Glauben bedeutet, dass du an der Existenz, dessen was du dir wünschst, zweifelst, nicht glaubst. Sofern alles was du erlebst eine getreue Reproduktion deines Bewusstseinszustandes ist, bedeutet ein Mangel an Glauben fortwährenden Misserfolg in jeder bewussten Anwendung das Gesetz des Annehmens.

Der Glaube ist heutzutage allgemein missverstanden

In allen Zeiten der Geschichte hat der Glaube eine Hauptrolle gespielt. Er durchdringt alle großen Religionen der Welt und ist in allen Mythologien eingewebt, und doch ist er heutzutage allgemein missverstanden. **Im Gegensatz zur allgemeinen Meinung ist die Wirksamkeit des Glaubens nicht das Werk einer äußeren Kraft. Er ist vom Anfang bis zum Ende** ***eine Leistung deines eigenen Bewusstseins.***

Die Bibel ist voll von Aussagen über den Glauben, über dessen wahre Bedeutung sich Wenige im Klaren sind. Hier sind einige Beispiele:

„Uns wurde das Evangelium gepredigt, wie auch Ihnen: das gepredigte Wort hat Ihnen nicht gedient, da das Wort, bei denen die es hörten, nicht mit Glauben verbunden war".

In diesem Zitat bedeutet „uns“ und „ihnen“, dass wir alle das Evangelium hören. „Evangelium“ bedeutet gute Nachrichten. Ganz offensichtlich sind es gute Nachrichten für dich, wenn dein Verlangen erfüllt wurde. Diese guten Nachrichten werden dir immer wieder von deinem unendlichen Selbst „gepredigt“. Zu hören, dass dein Wunsch bereits erfüllt ist, und du es nur in deinem Bewusstsein anzunehmen brauchst, sind gute Nachrichten. „Nicht mit Glauben verbunden“ bedeutet die Realität dessen, was du dir wünschst, zu verneinen. Somit „dient“ das Wort nicht, das Ziel wird nicht erreicht.

„Oh un“gläubige und perverse Generation,
wie lange soll ich bei euch bleiben“.

Bibelzitat – Matthäus 17:17

Die Bedeutung von „ungläubig“ ist bereits erklärt. „Pervers“ bedeutet in die falsche Richtung gehend, mit anderen Worten, das Bewusstsein ***nicht*** zu sein, was du sein möchtest. Ungläubig zu sein, d.h. nicht an die Realität dessen zu glauben, das du dir vorstellst, bzw. annimmst, bedeutet pervers zu sein. „ *...wie lange soll ich bei euch bleiben?*“ die Erfüllung deiner Wünsche basiert auf der Änderung deines Bewusstseins in den richtigen Zustand. Es ist fast so, als wenn das was du dir wünschst dir sagt, dass es nicht deins sein wird, bis du von deiner Ungläubigkeit und „Perversität“ abkehrst und rechtschaffend wirst.
Wie bereits erklärt: Rechtschaffenheit ist das Bewusstsein bereits der zu sein, der du werden willst.

„Im Glauben verließ er Ägypten, nicht den Zorn des Königs
fürchtend, er hielt stand, da er den sah, der unsichtbar ist“.

Bibelzitat – Hebräer 11:7

„Ägypten“ bedeutet Dunkelheit, der Glaube an viele Götter. Der „König“ symbolisiert die Macht der äußeren Bedingungen und Umstände. „Er“ ist dein Konzept von dir selbst, bereits der zu sein, der du sein möchtest. „Standhalten, weil er den sieht der unsichtbar ist“ bedeutet in der Annahme zu verharren, dass dein Wunsch bereits erfüllt ist. Somit besagt dieses Zitat, wenn du in der Annahme verharrst, dass du bereits die Person bist, die du werden möchtest, erhebst du dich über allen Zweifel, alle Ängste und Glauben an äußere Bedingungen und Umstände, und deine Welt wird sich unvermeidbar nach deinen Vorstellungen ausrichten.

Im Lexikon wird Glaube so definiert:
„der Aufstieg des Geistes oder verstehen der Wahrheit" – „unbeirrbares Festhalten an einem Prinzip."

Diese Definitionen sind so passend, als wenn sie unter Berücksichtigung des Gesetzes der Annahme geschrieben worden sind.

Glaube hinterfragt nicht – Glaube weiß!

Schicksal

Dein Schicksal ist das, was du unvermeidlich erfahren wirst. Tatsächlich ist es eine unendliche Anzahl von Schicksalen, wobei jedes von ihnen, wenn es erfüllt ist, der Startpunkt für ein neues Schicksal ist.

Dein Bewusstsein ist der Schöpfer deines Schicksals. Tatsache ist, du kreierst dein Schicksal in jedem Moment, ob du es *weißt oder nicht*

Da das Leben unendlich ist, ist das Konzept, der Gedanke von einem endgültigen Schicksal unvorstellbar. Wenn wir verstehen, dass Bewusstsein die einzige Realität ist, dann wissen wir, dass es der einzige Schöpfer ist. Das bedeutet, dass dein Bewusstsein der Schöpfer deines Schicksals ist. Tatsache ist, du kreierst dein Schicksal in jedem Moment, *ob du es weißt oder nicht*. Vieles das gut und sogar wundervoll ist, ist in deinem Leben passiert ohne dass du die geringste Ahnung hast, dass du der Schöpfer dessen bist.

Das Verständnis der Ursachen deiner Erfahrungen und das Wissen, dass du der einzige Schöpfer deiner Lebensinhalte, der guten wie der schlechten bist, macht dich jedoch nicht nur zu einem viel besseren Beobachter aller Erscheinungen, sondern durch die Erkenntnis der Macht deines eigenen Bewusstseins, intensiviert sich auch deine Wertschätzung des Reichtums und der Erhabenheit des Lebens.
Trotz gelegentlicher gegenteiliger Erfahrungen ist es *dein Schicksal zu immer höheren Ebenen des Bewusstseins aufzusteigen, und mehr und mehr der unendlichen Wunder der Schöpfung in die Realität der Erfahrung zu manifestieren*. Tatsächlich ist es deine Bestimmung den Punkt zu erreichen, wo du erkennst, dass du durch dein eigenes Verlangen bewusst deine aufeinander folgenden Schicksale bestimmen kannst.

Das Studieren dieses Buches, mit seinen detaillierten Darstellungen des Bewusstseins und den Wirkungen des Gesetz des Annehmens, ist der Hauptschlüssel zum bewussten Erreichen deiner höchsten Bestimmung.

Genau an diesem Tag beginne dein neues Leben. Gehe jede neue Erfahrung mit einer neuen Geisteshaltung an – mit einem neuen Bewusstseinszustand. Nimm von dir das Edelste und Beste in jeder Hinsicht an und mach weiter damit.

In der Phantasie sind große Wunder möglich.

Verehrung

Du bist Gott.

Du bist das: „ICH BIN das ICH BIN"

Du bist Bewusstsein. Du bist der Schöpfer.

Dies ist das Mysterium, dies ist das große Geheimnis, das alle Seher, Propheten und Mystiker aller Zeiten kannten.

Verstehen ist der Trostpreis!

Es erfahren, es fühlen, ist die Wahrheit.

„Nie hättest du etwas erschaffen, wenn du es nicht geliebt hättest."

Bibelzitat – Sprüche 11:24

In der gesamten Schöpfung, in aller Ewigkeit, in allen Bereichen deines unendlichen Seins ist die wunderbarste Tatsache, die im ersten Kapitel dieses Buches betont wird: *Du bist Gott.* Du bist das: „Ich bin das ICH BIN". Du bist Bewusstsein. Du bist der Schöpfer. Dies ist das Mysterium, dies ist das große Geheimnis, das alle Seher, Propheten und Mystiker aller Zeiten kannten. Dies ist die Wahrheit, die du nie und nimmer intellektuell wissen kannst. Wer ist dieses Du? Dass es du bist, Paul Müller oder Lieschen Schneider ist absurd. Es ist das *Bewusstsein,* das weiß, dass du Paul Müller oder Lieschen Schneider bist. Es ist dein höheres Selbst, dein tieferes Selbst, dein unendliches Sein. Nenne es wie du willst. Die wichtige Tatsache ist, *dass es in dir ist, es ist du, es ist deine Welt.* Es ist diese Tatsache, die dem unveränderbaren Gesetz des Annehmens zugrunde liegt. Es ist diese Tatsache, die das Fundament deiner Existenz ist. Es ist diese Tatsache, die das Fundament eines jeden Kapitels dieses Buches ist. Nein, du kannst dieses alles hier nicht intellektuell wissen, du kannst es nicht diskutieren, du kannst es nicht begründen. *Du kannst es nur fühlen. Du kannst dir dessen nur gewahr sein.*

Wenn du dir dessen gewahr wirst, durchdringt ein großes Gefühl dein Sein. Du lebst mit einem ständigen Gefühl der *Verehrung*. Das Wissen, dass dein Schöpfer dein eigenes Selbst ist und dich nie erschaffen hätte, hätte er dich nicht geliebt, muss dein Herz mit Hingebung erfüllen, ja, mit Verehrung. Ein wissender, flüchtiger Blick auf die Welt um dich herum in jedem kleinsten Augenblick reicht aus, um dich mit großer Ehrfurcht und einem Gefühl von Anbetung zu erfüllen.

Wenn dein Gefühl der Verehrung besonders stark ist, bist du Gott am nächsten. Und wenn du Gott am nächsten bist, ist dein Leben außergewöhnlich reich.

„Unsere tiefsten Gefühle sind genau die, die wir am wenigsten in der Lage sind zu beschreiben, und sogar im Akt der Anbetung ist Schweigen unser größtes Lob".

Schlussbetrachtungen

Übung macht nicht nur den Meister, sondern bringt auch die Überzeugung für dich mit, dass bewusstes Manifestieren funktioniert.

> *„Die meisten beeinflussen Realität nicht auf beständige Weise, weil sie nicht glauben, dass sie das können. Sie notieren eine Absicht und radieren sie dann aus, weil sie denken, „das ist albern“ oder „Ich kann das nicht“, dann notieren sie sie erneut und löschen sie wieder. Vom zeitlichen Durchschnitt her ist es ein winziger Effekt. Es läuft wirklich darauf hinaus, dass sie meinen, sie können es nicht.“*
>
> William Tiller, Ph. D.

> *„Ich wache morgens auf und erschaffe meinen Tag bewusst nach meinem Wunsch. Manchmal, weil ich im Geiste alles durchgehe, was ich erledigen will, dauert es eine Weile, bis ich zu dem Punkt komme, wo ich tatsächlich meinen Tag völlig bewusst erschaffe. Aber wenn ich meinen Tag erschaffe und kleine unerklärliche Dinge aus dem Nichts heraus passieren, dann weiß ich, dass sie der Prozess oder das Ergebnis meiner Schöpfung sind. Im Laufe der Zeit baue ich in meinem Gehirn ein Neuronetz auf und ich akzeptiere, dass es möglich ist. Es gibt mir die Fähigkeit und den Anreiz, es am nächsten Tag wieder zu tun.“*
>
> Dr. Joseph Dispenza

Der Weisheitslehrer Ramtha formuliert das so:

> *„Sie sitzen da und denken dieses oder jenes zu sein oder zu haben, und wenn es nicht in den nächsten Sekunden eintritt, geben sie auf und sind frustriert. Sie haben keine Geduld. Denn der Gedanke muss sich erst in Emotion umwandeln und die Emotion muss sich durch den ganzen physischen Körper verbreiten. So funktioniert das.“*
> *„In der heutigen Zeit ist es eine schwierige Aufgabe Geduld zu üben. Die Menschen leben heute sehr schnell und sterben sehr jung. Sie wissen nicht zu leben, denn sie leben nach der Zeit. Sie müssen alles in einem bestimmten Zeitrahmen schaffen, sonst werden sie es nie schaffen. So lange wie sie so fühlen, werden sie es nie schaffen. Sie werden nur nach der Zeit gelebt haben, und das wird die einzige Errungenschaft / Leistung in diesem ihrem Leben sein. Versteht ihr das?“*

Fang beim Manifestieren mit den simplen Dingen des täglichen Lebens an. Was möchtet du in deiner Familie, deinem Beruf, deinem Umfeld anders erleben?

Kreiere dir zum Beispiel die kürzeste Schlange an der Kasse beim Einkaufen, einen angenehmen, unterhaltsamen, freundlichen Sitznachbar in der Bahn, dem Bus oder dem Flugzeug. Wünsch dir den passenden Parkplatz, wenn du einen brauchst. Löse den Verkehrsstau auf, in dem du festhängst. Nach meinen Erfahrungen ist es immer sinnvoll und befriedigend, wenn ich meinen Wunsch / meine Manifestation mit den Worten „...zum Wohle aller Beteiligten…" abschließe.

Vor allem erweitere deinen Denkrahmen! Gehe / denke über deine Begrenzungen hinaus!

Wenn du gerade eine Begrenzung denkst wie z.B.
„Das geht nicht" – dann denke das Gegenteil – „Das geht!"
„Ich kann das nicht" – „Ich kann das!"
„Ich bin krank" – „Ich bin gesund!"
„Das gibt es nicht – Das gibt es!"
„Das steht mir nicht zu" – „Das steht mir zu!"

Zu jedem Ding, jeder Situation, jedem Gefühl, zu allem was im Universum existiert, existiert auch das genaue Gegenteil! Was möchtest du erleben? Das Positive oder das Negative? Wähle und manifestiere es!

Lass dich beim Manifestieren nicht durch Fakten verwirren. Bleib bei deinem Wunsch, auch wenn die „Fakten" gegen seine Realisierung sprechen. Die sogenannten Fakten sind nur die Manifestationen von gestern!

Korrektur / Veränderung der Vergangenheit

Die für unsere „normale" Denkweise wohl ungewöhnlichste Anwendung dieser Manifestationsprinzipien ist die Korrektur / Veränderung der Vergangenheit. Denn die „sogenannten harten Fakten" unserer / deiner Gegenwart sind nichts anderes als unsere / deine Manifestationen von gestern. Lass dich also nicht von den Fakten verwirren. Sie sind veränderbar!

Manifestationen, die wir immer wieder durch unser Denken bestätigt haben, die zu Verhaltensmustern geworden sind, sind oft so gut in unserem Unterbewusstsein begraben, dass der bewusste Verstand nicht an sie herankommt. Die Frau in der folgenden Geschichte konnte sich glücklicherweise erinnern und beweisen, dass die manifestierte Vergangenheit (die harten Fakten der Gegenwart) korrigiert werden kann.

Hier ihre Geschichte:

„Neununddreißig Jahre lang habe ich unter einem schwachen Rücken gelitten. Die Schmerzen nahmen zu und gingen zurück, waren aber nie ganz verschwunden. Die Situation verschlimmerte sich derart, dass ich fast ständig medizinischer Betreuung bedurfte. Der Arzt richtete meine Hüfte, aber die Schmerzen blieben. Nachdem ich von der Möglichkeit der Korrektur der Vergangenheit gehört hatte, wollte ich diese für mich nutzen. Ich erinnerte mich, dass ich im Alter von drei oder vier Jahren rückwärts aus einer hohen Schaukel auf meinen Rücken gefallen war und mir eine ernsthafte Verletzung meiner Hüfte zugezogen hatte. Seitdem war ich nie wirklich schmerzfrei und hatte viel Geld für medizinische Behandlungen ausgegeben.

Als die Schmerzen wieder einmal zunahmen beschloss ich, die Korrektur der Vergangenheit in Angriff zu nehmen. Es vergingen viele Nächte, bevor ich mich in das Gefühl der Kindheitsspiele hineinfühlen konnte. Eines nachts konnte ich mich tatsächlich auf der Schaukel sitzend „fühlen", den Wind in meinem Gesicht, als die Schaukel höher und höher schwang. Als die Schaukel langsamer und langsamer wurde, sprang ich vorwärts aus der Schaukel raus und landete sicher auf meinen Füßen. In dieser vorgestellten Aktivität lief ich zu meiner Mutter und bestand darauf, dass sie mitkommt

und mir beim Schaukeln zusieht und sieht, was ich kann. Ich zeigte es ihr und sprang wieder aus der schwingenden Schaukel raus und landete sicher auf meinen beiden Füßen. Ich wiederholte diese Vorstellung in meiner Fantasie wieder und wieder, bis ich darüber einschlief.
Innerhalb von zwei Tagen ließen die Schmerzen in meinem Rücken und meiner Hüfte nach und innerhalb von zwei Monaten waren sie ganz verschwunden. Ein Zustand, der mich mehr als 39 Jahre geplagt hatte war beendet!"

Bei „kleinen" Manifestationen des täglichen Lebens – einfach machen, d.h. eine „Ich Bin"-Aussage machen / erklären.
Z.B. Ich Bin, dass jetzt der Parkplatz für mich da ist.

Empfehlung: Üben, praktizieren, die eigenen Formulierungen finden, die dir liegen, mit denen du deinen Wunsch manifestierst.

Bei „großen" Wünschen oder Problemen wie im obigen Beispiel nimm dir die Zeit die notwendig ist, bis sich das Gefühl des bereits erfüllten Wunsches bei dir einstellt.

Beispiele für die „kleinen" Manifestationen des täglichen Lebens.

Alles hat / ist Bewusstsein.
Als ich neulich in der Hasenheide (Park in Berlin) spazieren ging, kam ich an einem Gehege mit Pfauen vorbei. Ein Pfau hatte gerade sein Rad geschlagen (seine wunderschönen Schwanzfedern aufgestellt), allerdings mit seinem Hinterteil zu mir gewandt, so dass ich nur die grauen Rückseiten seiner Federn sehen konnte. Ich blieb stehen und sprach in Gedanken den Pfau (sein Bewusstsein) an. „Lieber Pfau drehe dich bitte um, sodass ich deine ganze Schönheit betrachten und würdigen kann." Es dauerte nur einen kurzen Moment und der Pfau drehte sich mit einigen Trippelschritten um und zeigte mir die Farbenpracht seines Rades von vorne.
Für mich sind diese kleinen Erlebnisse der Manifestation eine wundervolle Bereicherung meines Lebens. – Spielt mit den unendlichen Möglichkeiten der Wunscherfüllung.

Den Denkrahmen erweitern

Konzentration auf das Wesentliche

Wir waren am Wochenende zu viert mit der Bahn in den Fläming (südlich von Berlin) gefahren. Dort waren drei von uns mit Inlinern und ein Freund mit dem Fahrrad unterwegs. Es war ein herrlicher Tag. Auf der Rückreise nach Berlin wurde uns in der Bahn per Lautsprecher mitgeteilt, dass die Bahnfahrt ca. 25 Kilometer vor Berlin wegen Gleisarbeiten enden wird und wir unsere Fahrt per Ersatzbus fortsetzen müssen. Unser Rad fahrender Freund fing gleich an zu überlegen, ob der Bus sein Fahrrad mitnehmen wird. Ich fragte ihn, was er denn möchte. *„Na ja"*, war seine Antwort *„wenn der Bus das Rad mitnimmt ist es prima, wenn nicht dann radle ich halt die 25 Kilometer nach Berlin."* Darauf erklärte ich ihm, dass das nicht gerade eine kraftvolle Kreation sei. *„Was willst du wirklich? Soll der Bus dein Rad mitnehmen oder willst du radeln? Entscheide dich"*, war meine Aufforderung und mein Rat. Denn es macht wenig Sinn, deine Energie bzw. dein Bewusstsein auf zwei entgegengesetzte Ziele einzusetzen. Da kann nichts Gutes bei rauskommen. Mein Freund entschied sich für die Variante, dass der Bus sein Fahrrad mitnimmt. Während wir uns noch so unterhielten, waren die meisten Mitreisenden schon bei den Bussen angekommen. Am ersten Bus ging es schon sehr laut her. Eine Frau brüllte geradezu den Busfahrer an. *„Wenn sie mein Fahrrad nicht mitnehmen… . Ich habe schließlich dafür bezahlt… . Heute Morgen hat mir beim Fahrkartenverkauf keiner mitgeteilt, dass es am Abend nur Busersatzverkehr gibt usw."* Um die Geschichte kurz zu machen, der Busfahrer öffnete, wenn auch zögerlich den Gepäckraum, die Frau legte ihr Fahrrad rein … und mein Freund legte seins dazu. – Sein bewusster Wunsch, dass der Bus sein Fahrrad mitnimmt wurde erfüllt. Er musste NICHTS TUN. So einfach kann es sein.

Wetter im Fläming

Wir wollten wieder einmal zum Inlinern und Radfahren in den Fläming. Für dieses Wochenende war Regenwetter angesagt. Was tun? Wir beschlossen uns gutes Wetter zu kreieren. Unser Wunsch und die Aussage lautete: *„Wir haben Spaß und bleiben trocken."* Vom Ausgangsort im Fläming kann man sich entscheiden, ob man die Rundtour rechts

oder links herum fahren möchte. Wir entschieden uns intuitiv links herum zu fahren. Das war gut so, denn alle die uns entgegenkamen waren vom Regen nass. Wir fuhren dem Regen hinterher und blieben den ganzen Tag trocken.
Nun kann man sagen, dass dies alles Zufälle sind. Mag sein, aber wenn diese „Zufallsergebnisse" immer wieder bei deinen Manifestationen auftreten, dann sind sie statistisch gesehen bald keine Zufälle mehr.

Glaube an dich und deine Fähigkeiten!

Hier noch ein Hinweis für die Praxis. Manchmal wird dein Wunsch nicht so erfüllt wie du dir die Erfüllung vorgestellt hast, bzw. dein Wunsch wird überhaupt nicht erfüllt. Das passiert, wenn dein „Höheres Selbst" dir eine bessere Lösung anbietet, die du im Moment nicht erkennst. Hierzu zwei Beispiele von meinen Seminarteilnehmern:
Am Ende des zweiten Seminartages hatte ich die Auto fahrenden Teilnehmer aufgefordert sich auf dem Weg nach Hause den gewünschten Parkplatz zu kreieren. Am nächsten Morgen kam eine Teilnehmerin ins Seminar und fing sofort an zu erzählen: *„Alfred, eigentlich wollte ich dir sagen, dass die Geschichte mit dem Parkplatz kreieren nicht funktioniert".*
„Ach, eigentlich wolltest du mir das sagen, aber was willst du mir nun wirklich sagen?"

Hier nun die Geschichte:
Auf dem Weg nach Hause hatte sie sich den genauen Parkplatz vor ihrem Haus vorgestellt. Zu ihrer großen Enttäuschung war dieser Platz bereits besetzt. Sie musste fünf Plätze weiter parken. Am nächsten Morgen, als sie noch an diesem „Kreieren und Manifestieren" zweifelte, kam sie an dem Auto vorbei, das auf ihrem „Wunschparkplatz" stand. Das Dach des Autos war offensichtlich von allen Vögeln der Nachbarschaft als Toilette benutzt worden – es war vollgeschissen! Ihr Auto hingegen war völlig sauber! Als sie das sah, erinnerte sie sich an daran, dass das „Höhere Selbst" besser weiß, was für uns und unseren Wunsch gut ist.

Denn die „Zauberwunschformel" des Manifestierens sollte immer sein:

„Dies oder etwas Besseres manifestiert sich jetzt zum richtigen Zeitpunkt für mich und zum Wohle aller Beteiligten".

Hier noch eine Parkgeschichte meiner Seminnartteilnehmer:
Dieser Teilnehmer wollte auf dem Weg nach Hause noch einem Freund einen Besuch abstatten. Somit kreierte er sich einen Parkplatz vor dem Apartmentgebäude des Freundes. Na ja, als er dort ankam war weit und breit kein Parkplatz zu finden. Er gab die Suche schnell auf und fuhr nach Hause. Denn er hatte sich gedacht, wenn kein Parkplatz da ist, weiß mein „Höheres Selbst" schon, warum das so sein soll. Zu Hause angekommen setzte er sich an seinen PC um seine E-Mails zu lesen. Die erste Mail war von besagtem Freund, der ihm mitteilte, dass er für zwei Wochen im Urlaub sei. Als mir der Seminarteilnehmer diese Geschichte erzähle, fügte er noch hinzu, dass er vor dem Seminar sicherlich für 30 Minuten um den Häuserblock seines Freundes gekreist wäre um endlich einen Parkplatz zu bekommen. Dann hätte er beim Freund geklingelt, nur um festzustellen, dass ihm niemand öffnet. Über diese verschwendete Zeit hätte er sich, wie sonst bei ihm üblich, drei Wochen lang geärgert.

...Das Leben wird entspannter mit diesen Erkenntnissen...

Manifestieren zu lernen ist dein göttliches Erbe.
Es ist das Juwel, welches das Leben zur Wirklichkeit macht.

Dieser und der folgende Text stammt aus:
Ramtha – Das Manifestieren – Ein Handbuch für Meister

Was dich einzigartig und grandios und schön macht, ist die Tatsache, dass du göttlich bist, im größten Sinne des Wortes. Göttlich.
Du bist wertvoll. Du siehst die Welt als begrenzt, weil du dich selbst begrenzt siehst.
Was spiegelt dir zurück, dass du Gott bist? Sehr wenig. Du bist hypnotisiert, du bist in einer Trance, du bist von deinem „Ohnesein" überzeugt. denn alle anderen sind „ohne". Wenn der Spiegel nicht die Kraft reflektiert, die von lebendigen, tanzenden Augen ausgeht, wenn er dir nicht dein Licht zeigt, wenn dein Gehirnvorderlappen dir nicht deutlich genug zeigt, wie mächtig deine Gedankenführung ist, dann kannst du nichts anderes, als von der Annahme ausgehen, dass deine Identität das ist, was du im Spiegel siehst, dass sie das ist, was du in jedem anderen um dich herum siehst. Und nach einer Weile wird das Abbild, dass du bist zum Image der Begrenzung: Du weißt, das du nicht göttlich bist, du bist nicht großartig, denn das ist das, was du von dir selbst beim Anblick anderer wahrnimmst.

Deine Identität wird von dir lediglich durch Interaktion mit anderen Menschen erfasst, deren Identität durch dich wahrgenommen wird.
Du neigst dazu, dich zu beklagen, denn in dem Moment, in dem du etwas in deinem Leben erreicht hast, gehst du zurück und zählst all das Elend auf, das erforderlich war, um dahin zu gelangen, statt darüber zu lachen! Das kommt daher, dass du das ICH BIN nicht kennst. Es kommt daher, dass du nicht erkennst, wie mächtig du bist. Du gehst einen Schritt vorwärts und tanzt zwei Schritte zurück! Du hast nicht gelernt, dich an deinen Vorwärtsschritt zu halten und in dem unvergleichlich wertvollen Augenblick, den du kreiert hast, zu schwelgen.

Die Zauberei der Manifestation ist Einfachheit. *Sie ist tiefgreifend einfach. Das nämlich, was du denkst, vollbringt die Manifestation.*

Gott ist kein verbitterter Gott, der seiner Schöpfung die Beurteilung von gut und schlecht auferlegt. Seine Schöpfung heißt **Leben, Natur**:, *und sie fließt in die Ewigkeit hinein und vervollkommnet fortwährend mit jedem Abenteuer ihre Schönheit.*
Seine Schöpfung ist noch nicht beurteilt worden. Sie ist zugelassen worden. DU BIST GOTT. Wie lange du auch brauchst, bis du es hörst, wenn es auch zehntausender Wiederholungen bedarf, höre zu, denn es gibt nichts größeres, als den hervorgekommenen Christus. Es gibt nichts wundervolleres, als eine Welt, die in Harmonie statt in Streit wahrgenommen wird. DU BIST GOTT.

Gott, das höchste Leben, ist ohne Urteil und ohne positiv – negativ. Gott ist tiefstes Wissen, Gott wird Ewigkeit genannt und regiert alle Königreiche mittels der Manifestation von Gedanke zu Materie.
Die Macht zur Manifestation. Sie ist unvergleichlich einfach, doch ohne sie existiert Leben nicht, denn das Wunder des Lebens liegt in dem Entschluss zur Manifestation. Kontrolle über sein Schicksal zu haben ist ungeheuerlich, und doch ist dies die Macht, die die Manifestation lenkt.

Lerne diese Macht innerlich zu umarmen, bedeutet, „etwas gefühlsmäßig annehmen und für sich akzeptieren.“

> *Denke den Gedanken dessen, was du willst, umarme ihn innerlich; d.h. visualisiere, imaginiere, mache dir ein Bild von dem was du willst, nimm diesen Gedanken an, fühle ihn mit Emotion!“*
>
> Ramtha – Das Manifestieren – Ein Handbuch für Meister

Der Hinweis, dass der Mensch göttlicher Natur ist, taucht in vielen spirituellen Schriften auf. Sai Baba erklärt:

„Denkt nicht, dass ihr menschlich seid und dass ihr den Zustand des Göttlichen erreichen müsst. Denkt vielmehr andersherum, nämlich, dass ihr Gott seid und dass ihr aus diesem Zustand heraus menschliche Wesen geworden seid. Wenn ihr so denkt, werden sich alle göttlichen Eigenschaften in euch manifestieren. Wisst, dass ihr von der Gottheit zum Menschen herabgestiegen seid und dass ihr zu gegebener Zeit zu eurer Quelle zurückkehren werdet.

Seid nicht entmutigt, wenn ihr diese Wahrheit noch nicht erkannt habt. Wie ihr fühlt, so werdet ihr. Fühlt, dass ihr göttlich seid, fühlt, dass euch nichts unmöglich ist. Fühlt, dass ihr göttlich seid, dass ihr gut und gottgleich seid.

Hört ihr Kinder der Unsterblichkeit, Kinder des Ewigen! Ihr seid nicht nur eine Masse aus Fleisch! Ihr seid die Verkörperung des Ewigen. Ihr seid Speicher der Glückseligkeit. Eure Herzen sind Schreine des Göttlichen. Die gesamte Natur ist euer Tummelplatz; alle Dinge darin sind eure Spielsachen. Betrachtet euch selbst als Meister des Universums und nicht als seine Sklaven.

Du bist Gott. Es gibt nur Eins. So viele Leben lang hast du erklärt, dass du ein Mensch mit Begrenzungen bist: „Ich bin fehlerhaft …Ich bin so und so" … das ist falsch. Jetzt sage: „Ich bin Gott". Fühle niemals und sage niemals etwas anderes als dass du Gott bist, und du wirst göttliche Eigenschaften zutage treten lassen. Du wirst göttliche Kräfte haben. Du wirst Gott sein.

Aus „Mein Baba und ich" von Dr. John S. Hislop

In dem Buch *„Mein Baba und ich" von Dr. John S. Hislop,* beschreibt Sai Baba einige Übungen und Verhaltensweisen, die den interessierten Leser in seiner wachsenden Erkenntnis – Gott zu sein – voranbringen werden.

Ich habe die in diesem Buch dargestellten Prinzipien erfolgreich in meinem Leben angewandt, vor allem in meiner Funktion als „Geistiger Heiler“ und bei der Entstörung von Firmen, Arztpraxen, Gebäuden, Wohnungen, Autos, Handys und sonstigen belasteten Gegenständen; d.h. bei der Umwandlung von negativen Energien in positive Energien. Hierzu bedarf es natürlich eines beträchtlichen Trainings bis einem die Prinzipien ohne langes Überlegen klar sind und sofort umgesetzt werden. Wenn ich zum Beispiel bei einem „Kunden“ die Wirbelsäule geistig begradige, dann muss ich mich nicht erst in einen schlafähnlichen, meditativen Zustand begeben um das Gefühl des bereits erfüllten Wunsches hervor zubringen. Das würde zu lange dauern. Ich konzentriere mich und sehe – im Geiste – die vollendete Begradigung. In diesem Sekundenbruchteil richtet sich die Wirbelsäule auf und der Kunde ist begradigt!

Die Überzeugung, das Gefühl, die Sicherheit zu haben, dass etwas so ist, wenn ich es sage, dass es so ist, bedurfte der Übung! In diesem Teilbereich meines Tuns / meines Seins habe ich die 5. Stufe des Lernens, die Perfektion erreicht (siehe Seite 74 „Die 4 Stufen des Lernens“). In anderen Teilbereichen trainiere ich noch fleißig.

In diesen Teilbereichen habe ich durch Training mein Bewusstsein auf die 5. Stufe des Lernens, die Perfektion, angehoben (siehe die „4 Stufen des Lernen“ nach Alfred Bandura S. 75)

Man kann es mit dem Erlernen des Radfahrens vergleichen. Das Gleichgewicht auf zwei Rädern halten zu können erscheint schwierig. Aber man sieht, dass es andere können. Man stellt sich vor, wie man selbst Rad fährt. Also wird geübt. Papa, Mamma oder ältere Geschwister helfen und stabilisieren das Fahrrad indem sie mitgehen oder mitlaufen und das Rad am Gepäckträger stützen. Man fährt sehr wackelig und fühlt sich unsicher. Irgendwann lässt der Unterstützer los … und man fährt alleine und hält die Balance … ganz einfach. In dem Moment weiß man, dass man Radfahren kann. Man muss nicht mehr üben, man kann es!

Heilen und negative Energien umzuwandeln sind vom Prinzip her nicht anders. Das Problem hierbei ist, man kennt kaum jemanden der das macht. Und selbst wenn man jemanden kennt der das macht und man zusehen darf ... sieht man kein TUN. Bestenfalls sieht man das Ergebnis – die begradigte Wirbelsäule – oder wenn man sehr feinfühlig ist, bemerkt man die veränderte Energie. Das Nachmachen wie beim Radfahren ist schwieriger, denn man sieht ja nichts, dass man nachmachen kann. Diese Dinge funktionieren auf rein mentaler Ebene. Eine ganz andere, ungewohnte Lernerfahrung.

Je klarer, eindeutiger, bedingungsloser deine Verbindung zum **„ICH BIN"** ist, desto machtvoller wird dein Wort.

Erweitere deinen Denkrahmen! Welche neue Fähigkeit möchtest du in deinem Leben haben? Was möchtest du erreichen? Wer möchtest du sein?

Tu es! Mach es einfach! Einfach machen!

Buchempfehlungen

Wenn du die Komplexität liebst, (was nicht meines ist – ich bin für Einfachheit und Klarheit) hier ein paar Buchempfehlungen. Vielleicht führt diese Vielfalt auch dich zurück zur Einfachheit und Klarheit.

Oder fang an und wende das in deinem Leben an, was du gerade gelesen hast. Es geht nichts über die eigene Erfahrung.

„Verstehen ist der Trostpreis – Erfahrung ist die Wahrheit"

Folgende Bücher sind nützlich bei der Erweiterung des eigenen Verständnisses vom Manifestationsprozess und von der Natur der Realität. Such dir einige heraus, von denen du dich angezogen fühlst.

Neal Donald Walsch

Gespräche mit Gott Band 1: Ein ungewöhnlicher Dialog

Ein Dialog der besonderen Art, der in diesem Band vor allem um Probleme und Fragen des individuellen Schicksals kreist. Eine behutsame, einfühlsame Erörterung und dabei eine große, warme Umarmung des Göttlichen. Den von den Religionen vereinnahmten Gottesvorstellungen setzt Walsch sein überkonfessionelles, liebevolles Gottesbild entgegen. Neale Donald Walsch arbeitete als Journalist und Verleger, war Programmdirektor eines Rundfunksenders, Pressesprecher und gründete eine erfolgreiche Werbe- und Marketingfirma. In einer schweren Krise richtete er seine Stimme an Gott. Dadurch erfuhr sein Leben eine entscheidende Wendung. Was er als Ende seines Lebens empfunden hatte, erwies sich als spiritueller Neuanfang. Anschauliches Zeugnis dieser geistigen Öffnung sind die »Gespräche mit Gott«.

Steven Lee Weinberg (Herausgeber), Brigitte Silberhorn (Übersetzer)

Ramtha – Das Weiße Buch

Ramtha ist eine bemerkenswerte Intelligenz mit tiefgründiger Weisheit und Liebe. Er wird durch eine Frau, namens J.Z. Knight, gechannelt, die ihm erlaubt, ihren Körper zu benutzen, zu dem Zweck, der Menschheit seine Botschaft zu bringen. Durch den Körper von J.Z. Knight hat Ramtha seit 1978 Hunderte von Veranstaltungen gehalten, quer durch die Vereinigten Staaten. RAMTHA ist eine Sammlung von zusammengestellten Transkriptionen, die den Tonbandaufnahmen jener Veranstaltungen entnommen wurden. Dieses Buch ist von hohem Informationswert, gut aufgebaut und leicht zu lesen, fasst die fundamentalen und wichtigsten Lehren dieser inspirierenden und erhebenden Wesenheit zusammen. Das Grundlagen Werk von Ramtha – vielleicht sogar das Ramtha Buch überhaupt.

Baird T. Spalding

Leben und Lehren der Meister im fernen Osten

Die östlichen Meister sind der Auffassung, dass Buddha der Weg zur Erleuchtung und Christus die Erleuchtung selbst ist. Christus stellt einen Bewusstseinszustand dar, den wir alle zu erreichen suchen: Das Christusbewusstsein.

Dr. John Hislop

Mein Baba und ich

Wer ist Sathya Sai Baba? Wer ist dieser Heilige, den Millionen Inder als Avatar, als Verkörperung des Göttlichen verehren? Seine Wundertätigkeit, die von seinen Anhängern bezeugt wird, übersteigt die uns bekannten Gesetze der Wissenschaft. Dr. John Hislop, Professor und Publizist, schildert Erlebnisse und Erfahrungen, die er in den vergangenen siebzehn Jahren mit Sathya Sai Baba sammeln konnte und versucht, den Leser mit der Reichweite und Tiefe der Spiritualität der Sai-Philosophie bekannt zu machen.

Esther und Jerry Hicks

The Law of Attraction – Das kosmische Gesetz hinter „The Secret“

Das Gesetz der Anziehung ist eine einfache für jeden nachvollziehbare Wahrheit: Was wir aussenden, bekommen wir auch zurück. Unglück zieht Unglück an, Glück zieht Glück an.

Robert Scheinfeld

Raus aus dem Geld-Spiel

Laufen Sie ständig vergeblich dem Geld hinterher? Zerfließt es Ihnen zwischen den Fingern, egal wie sehr sie sich auch anstrengen, es zu halten? Oder verfügen Sie über genügend Mittel, zahlen aber einen hohen Preis an Lebensqualität für Ihren Erfolg? Dann sind auch Sie ein Opfer des üblichen Geld-Spiels!

Larry Winget

Halt den Mund, hör auf zu Heulen und lebe endlich

Ein Tritt in den Hintern für alle, die mehr wollen. Eine Aufforderung sein Leben immer wieder bewusst selbst in die Hand zu nehmen. Ein Ziel, das für den Leser so fordernd wie befreiend ist.

Paramahansa Yogananda

Autobiographie eines Yogi

Der Sinn des Lebens, die Zusammenhänge des Karma und der Wiedergeburt, die Gesetzmäßigkeit von Wundern sowie die Bedeutung eines Gurus und geistiger Disziplin werden ebenso klar wie die Meditation und Verschmelzung des individuellen Bewusstseins mit dem universellen kosmischen Bewusstsein dargestellt. Voller spannender humorvoller Erzählungen von Begegnungen mit Heiligen und Weisen in Indien und im Westen, ist die Autobiographie von Paramahansa Yogananda Lehrbuch und genussvolles Lesevergnügen in einem.

Ein Kurs in Wundern

Ein spirituelles System, das die innere Arbeit aus einer nicht-traditionellen christlichen Perspektive hervorhebt.

Lynn McTaggert

Das Nullpunkt-Feld

Gibt es eine schlüssige wissenschaftliche Erklärung für parapsychologische Phänomene wie Hellsehen, Telepathie, Geistheilung, Synchronizität und ein Modell für die Wirkungsweisen der Homöopathie? Dieses Buch ist das Ergebnis zahlloser Gespräche mit namhaften Physikern, Biophysikern, Neurowissenschaftlern, Biologen und Bewusstseinsforschern auf der ganzen Welt, die unabhängig voneinander Phänomene entdeckt haben, die sich wie Puzzlesteine zu einem faszinierenden Gesamtbild zusammenfügen.

Bruce Lipton

Intelligente Zellen: Wie Erfahrungen unsere Gene steuern

Vielleicht haben Sie es schon geahnt, dass das Denken und Fühlen unser physisches Leben bestimmt. Jetzt können Sie sich sicher sein. Erstaunliche wissenschaftliche Erkenntnisse über die biochemischen Funktionen unseres Körpers zeigen, dass unser Denken und Fühlen bis in jede einzelne unserer Zellen hineinwirkt. Der Zellbiologe Bruce Lipton beschreibt genau, wie dies auf molekularer Ebene vor sich geht. In leicht verständlicher Sprache und anhand eingängiger Beispiele führt er vor, wie die neue Wissenschaft der Epigenetik die Idee auf den Kopf stellt, dass unser physisches Dasein durch unsere DNS bestimmt würde.

Dr. Joe Dispenza

Schöpfer der Wirklichkeit – Der Mensch und sein Gehirn – Wunderwerk der Evolution

Joe Dispenza befasst sich bereits jahrzehntelang mit dem menschlichen Geist: Er untersuchte, wie er funktioniert, wie er Informationen speichert und weshalb er immer wieder dieselben Verhaltensweisen produziert. Wenn Sie wissen wie diese schlechten „Programme" entstanden sind und immer wieder neu entstehen, wird es Ihnen nicht nur gelingen, sie zu durchbrechen, sondern sogar, Ihr Gehirn umzuprogrammieren, weiter zu entwickeln und damit neuen, positiven und wohltuenden Gewohnheiten Raum zu geben.

Amit Goswami

Das Bewusste Universum

Die modernen Paradoxien der Wissenschaft lassen sich lösen – wenn man annimmt, dass das Universum nicht aus Materie, sondern aus Bewusstsein besteht. Goswami zeigt, dass die Verbindung zwischen den Erkenntnissen der modernen Wissenschaft, etwa der Quantenphysik, und den uralten spirituellen Traditionen des Ostens auf ein neues, revolutionäres Weltbild hinausläuft. Das Universum hat Sinn, Zweck und Richtung. Amit Goswami, Professor der Physik, lehrt am „Institute of Theoretical Sciences" an der Universität von Oregon.

Jane Roberts

Gespräche mit Seth

Die Seth-Bücher sind die von den Suchenden, die ich über die Jahrzehnte getroffen habe, eindeutig am höchsten eingestuften Bücher für das Erweitern der eigenen Realitätssicht, wenn ich sie gefragt habe „Welches Buch hat Ihr Leben am meisten beeinflusst?"

Gay Hendricks und Kate Ludemann

Visionäres Management als Führungskonzept der Zukunft

Diskutiert die Wichtigkeit der Integrität für Manifestationen, individuell und im Geschäftsleben.

Alfred W. H. Bloch
Dipl.-Betriebswirt

Beruflicher Werdegang

Banklehre. Studium der Betriebswirtschaft.
Abschluss: Dipl.-Betriebswirt

1967 – 1990 Auslandsaufenthalte:
Südafrika, USA und Kanada. Mitarbeiter bedeutender deutscher Unternehmen. Arbeitsschwerpunkt in den USA Banken- und Versicherungswesen. Zulassung als Börsenmakler. Mitglied der Boston Stock Exchange. Zulassung als Immobilienmakler (New York State).

Seit 1990 wieder in Deutschland in Führungspositionen tätig,
u. a. als Direktor der Treuhandanstalt in Chemnitz.

2006 Eröffnung der eigenen Praxis als geistiger Heiler.
Veranstaltung von Reiki- und Manifestations-Seminaren

Spiritueller Werdegang

1976	EST Training in New York
1977–90	EST Seminare in New York (Self Expression, What's So, Make Relationships Work I + II, Conditions of Life, Power of Being, Communication Workshop, 6-Day Training, GSLP etc.)
1991–02	Seminare bei Landmark Education in Berlin
1994	Ausbildungen in der Reiki-Technik der alternativen Medizin (1. Reiki-Grad)
1994	Ausbildungen in der Reiki-Technik der alternativen Medizin (2. Reiki-Grad)
1996	Ausbildungen in der Reiki-Technik der alternativen Medizin (Reikimeister)
2005	Ausbildungen zum Reikilehrer
2005	Ausbildung im Huna Schamanismus durch Henry Krotoschin
2005	Ausbildung zum geistigen Heiler durch Pjotr Elkunoviz
2006	Ausbildung zum Begradigungstherapeuten durch Pjotr Elkunoviz
2007–09	Fortbildung für Begradigungstherapeuten durch Pjotr Elkunoviz
2007–09	Besuche bei Mutter Meera und Sai Babba
2007	"Gateway Voyage" – The Monroe Institute
2007	"Lifeline" – The Monroe Institute
2008	"Guidelines" – The Monroe Institute
2010	Russisches Heilwissen nach Grigori Grabovoi – SVET Zentrum Hamburg

Sahasrara Yantra

ANWENDUNG: Das Sahasrara Yantra ist ein Meditationsbild. Befestige es in einer dir angenehmen Höhe, entspanne deine Augen und richte den Blick auf das Zentrum ohne mit den Augen zu blinzeln. Auf Grund einer optischen Illusion beginnt das Yantra zu rotieren. Benutze das Yantra, als Vorbereitung für eine Meditationssitzung oder zum Tagesbeginn.

VORTEIL UND EFFEKT: Meditation mit dem Sahasrara Yantra aktiviert das Kronenchakra. Es öffnet die Türen in eine höhere Ebene der Wahrnehmung und verbindet mit dem universellen Bewusstsein. Die Illusion des Individuellen Selbst, oder auch Ego genannt, wird erkannt. Der Beobachter erwacht und findet sich tief verwurzelt im ewigen Sein.